Croquis et Couleu[r]

Introduction à l'Aquarelle

Bagnall · Hille

dessain et tolra

Édition originale :
ART ACADEMY/AQUARELL
Anfangen mit Aquarell

Édition française :

Dépôt légal : avril 1993
ISBN 2-249-27928-4

Illustrations : Brian Bagnall
Photo page 8/9 : Ernst Fesseler
Traduction française : Catherine Dubern
Couverture : Agnès Frégé, Caroline Hartley

Composition : SCP, Bordeaux

Imprimé en Allemagne

Sommaire

Introduction

À une époque où la vitesse est primordiale, ce n'est certainement pas un hasard si la peinture à l'aquarelle est devenue une des techniques les plus utilisées par les peintres amateurs. Avec un équipement réduit, vous obtiendrez rapidement des résultats étonnants. Cette apparente facilité cache en réalité un piège car les structures qui se forment au hasard, le jeu des couleurs et leur clarté transparente, qui font toute la séduction de l'aquarelle, constituent aussi sa principale difficulté. En effet, comment provoquer délibérément le hasard ?
Parfois, la couleur s'étale juste au mauvais moment, ou alors le mauve somptueux sur lequel on comptait vire au brun grisâtre.
Ce livre vous aidera précisément à résoudre de tels problèmes. Et, par là même, il vous initiera à la peinture en général. Il essaiera de vous ôter l'angoisse de la feuille blanche, de vous encourager à faire des essais, et de vous démontrer que certains accidents peuvent être créatifs.
Nous nous limiterons à un équipement de base au niveau des couleurs et du matériel. Vous serez étonnés de tout ce qu'il est possible d'en faire.
Étape par étape, vous découvrirez l'évolution d'un tableau chez différents peintres. Par ailleurs, ce livre vous communiquera le plaisir ludique que l'on éprouve à jouer avec les couleurs.
Il ne s'agit pas de devenir tout de suite un Turner, un Picasso ou un Nolde ; vous devez prendre plaisir à développer vos propres idées. C'est pourquoi nous allons vous faire partager diverses expériences et vous suggérer quelques idées qui vous aideront à progresser.
Comme chaque artiste développe son propre style au fil des années, nous aimerions vous présenter différents styles de peinture.
Chaque exemple est illustré par un nouveau peintre. Ainsi, vous observerez différents types de démarches et choisirez vous-même celle qui vous convient le mieux.
Amusez-vous bien !

Brian Bagnall

Brian Bagnall est le directeur artistique de cette collection. Grâce à son expérience, acquise tout au long de son activité de professeur en Angleterre, il sait ce qui plaît aux élèves et ce qui est pour eux source de difficultés. Né en 1943 à Wakefield, en Angleterre, il étudie la peinture et la gravure. Il passe son National Diploma avec mention très bien et dirige dans son collège un atelier de lithographie. Ensuite, il déménage à Amsterdam, où il travaille également, tout en donnant des cours, pour diverses maisons d'édition et agences de publicité. Depuis 1970, il vit à Munich, où il a créé avec sa femme les Studios Bagnall, dans lesquels des travaux de toute sorte sont effectués. Il a été aussi pendant plusieurs années professeur à Darmstadt. Il a publié plusieurs livres, et ses travaux ont été exposés dans plusieurs pays d'Europe et en Corée.

Astrid Hille

Astrid Hille est l'éditeur de cette collection, et collabore très étroitement avec Brian et Ursula Bagnall. Née en 1955 à Hambourg, elle y étudie, après avoir été formée au dessin technique, l'illustration et la peinture à l'École supérieure des beaux-arts. Puis elle travaille comme illustrateur et peintre tout en étant professeur de dessin pour adultes. Depuis 1982, elle vit à Fribourg. Après avoir effectué un deuxième cursus pédagogique appliqué aux médias et au théâtre, elle occupe en 1985 un poste de lectrice de livres d'art et de livres pour enfants.

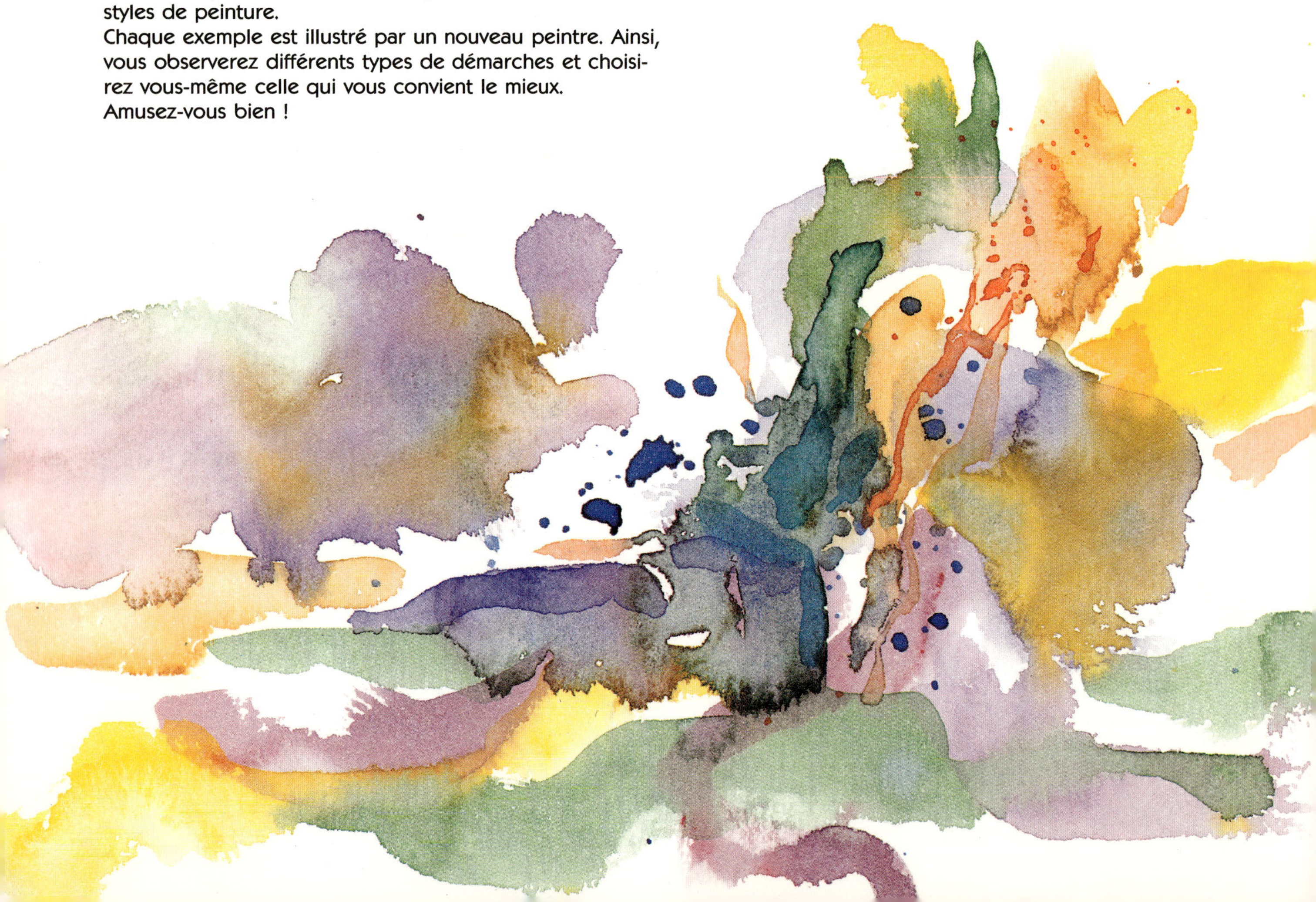

Ursula Bagnall

Pour cette collection, Ursula Bagnall a pris en charge la rédaction et la composition. Elle a rassemblé les textes et les déclarations des divers artistes.
Née en 1945 près de Munich, elle y étudie les arts graphiques à l'Académie des métiers graphiques. Puis elle travaille pour les jeux Olympiques de 1972 chez Otl Aicher. Elle exerce ensuite, pendant cinq ans, une activité d'enseignant dans une école américaine à Amsterdam et à Munich. Depuis 1973, elle collabore avec son mari, Brian, en tant que graphiste indépendant et auteur. Ils ont publié ensemble de nombreux ouvrages, et ont créé notamment plusieurs écoles de peinture pour adultes et enfants.

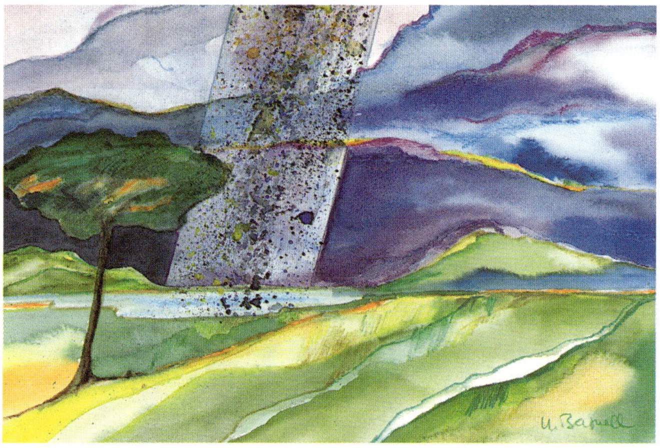

Karlheinz Gross

Dans cet ouvrage, Karlheinz Gross vous initiera progressivement aux secrets de la représentation d'un village. L'artiste, né dans le Harz en 1943, fait ses études d'abord à l'école des arts et métiers A. L. Merz, à Stuttgart. À la Gutenbergschule, à Stuttgart également, chez le professeur Robert Förch, il s'initie au graphisme industriel et à l'illustration. En 1966, il ouvre son propre atelier à Bietigheim-Bissingen, et, depuis, il travaille en tant que graphiste indépendant et peintre. Il donne des cours d'aquarelle, mais il peint encore plus pour lui-même pendant ses multiples voyages et excursions. On peut voir ses travaux dans de nombreuses expositions individuelles depuis 1971.

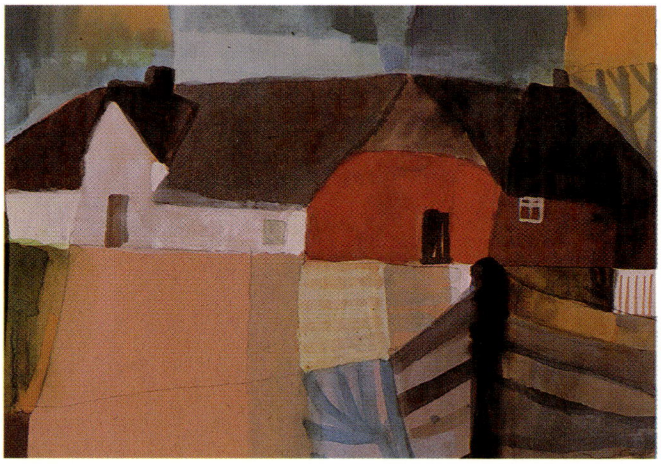

Gerlinde Grund

Peintre et graphiste, Gerlinde Grund présentera dans cet ouvrage la peinture florale. Formée en tant que décoratrice, elle étudie le graphisme publicitaire à Offenbach, puis le graphisme libre et la peinture à l'Académie des beaux-arts, à Stuttgart. Elle travaille d'abord dans la publicité à Francfort et plus tard à Fribourg. L'amour de la peinture finit par l'emporter, et, depuis 1981, elle est peintre indépendante et graphiste à Fribourg. Elle donne des cours d'aquarelle, et, depuis un certain temps, elle propose des stages d'été en Toscane, en Provence et dans le Tessin. On a pu voir ses travaux au cours d'expositions qui ont eu lieu déjà dans toute l'Allemagne.

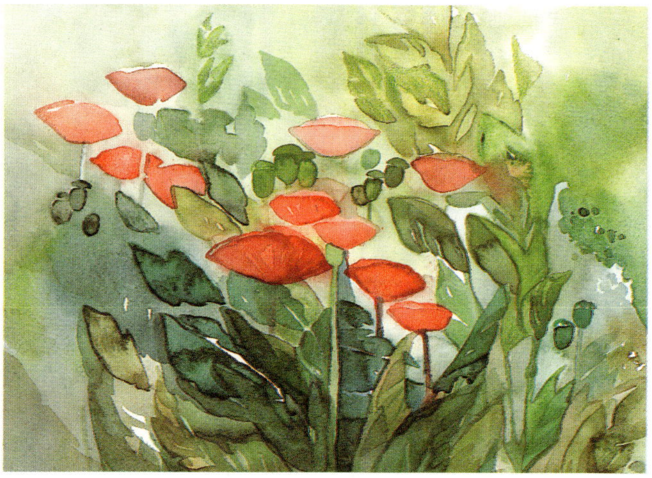

Beate Weber-von Witzleben

Dans cet ouvrage, Beate Weber-von Witzleben se consacre à la nature morte.
Née en 1953 près du Bodensee, elle a toujours travaillé intensivement la peinture, la poésie et le théâtre. Elle commence ses études de germaniste en 1973 à Fribourg. Après des séjours d'études, des voyages et des expositions, elle débute sa carrière d'enseignante dans le domaine de la peinture d'Extrême-Orient. Depuis 1979, elle enseigne la peinture et le dessin, et elle a publié un livre sur l'aquarelle. Elle a également plusieurs expositions individuelles à son actif, dont une à Tôkyô.

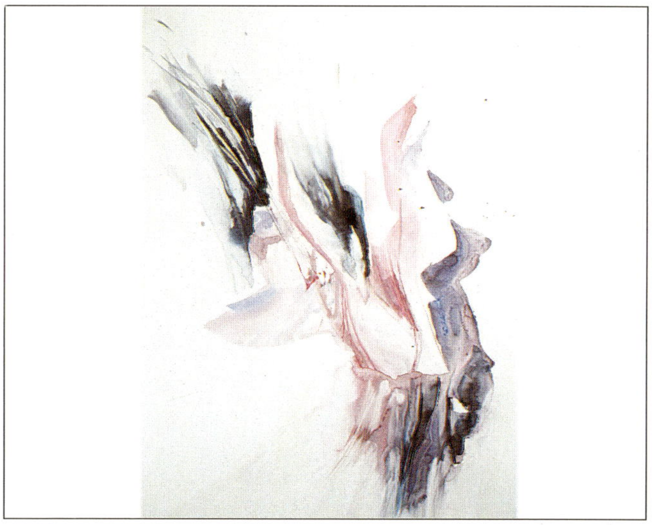

La peinture à l'aquarelle, hier et aujourd'hui

On pourrait penser que la peinture à l'aquarelle est un produit typique d'une époque qui privilégie la vitesse et dans laquelle même le temps consacré aux violons d'Ingres doit être limité. C'est tout le contraire : La peinture à l'aquarelle est une des plus vieilles techniques picturales qui soit. Autrefois, on utilisait simplement ce qui se présentait : des matériaux naturels comme l'argile, la terre, et certains minéraux étaient transformés en pigments et ensuite mélangés avec de l'eau. Plus tard seulement, on y ajouta l'œuf et le plâtre. L'huile en tant que médium pictural n'a été découverte qu'après de longues expériences. Les toutes premières fresques sont déjà des peintures à l'eau, comme celles des Égyptiens et d'autres peuples du pourtour méditerranéen. Les Chinois et les Japonais utilisaient une base similaire pour leur peinture sur rouleaux de parchemin.

Albrecht Dürer (1471-1528) a lui aussi employé des couleurs à l'eau. À cette époque, cependant, la peinture à l'huile jouissait d'un plus grand prestige. On la considérait comme la seule « vraie » peinture. La peinture à l'eau ne servait qu'à élaborer des projets et à disposer les couleurs telles qu'elles seraient transposées à l'huile par la suite. Ce n'est qu'au XVIIIe siècle que l'aquarelle a atteint son apogée, pour se populariser de plus en plus par la suite.

Des artistes anglais tels que John Cotman (1782-1842), William Turner (1775-1851) et John Constable (1776-1837) l'ont portée à un niveau exceptionnellement élevé. C'est également à cette époque que les artistes ont commencé à tendre le papier. Après l'avoir humidifié, ils le fixaient sur un support, lui permettant ainsi de rester tendu une fois sec. C'est encore la méthode qui donne aujourd'hui les meilleurs résultats.

Plus tard, impressionnistes et expressionnistes se sont intéressés de près à la peinture à l'aquarelle (ainsi Nolde, 1867-1956, Klee, 1879-1840, ou Feininger, 1871-1956).

La popularité de l'aquarelle peut s'expliquer par son extrême maniabilité et par le fait qu'elle permet d'arriver très vite à des résultats satisfaisants. Bloc de dessin et boîtes d'aquarelle se transportent facilement, et l'on trouve toujours de l'eau quelque part. C'est en partie pour de telles raisons que l'on présente quelquefois l'aquarelle comme la technique de peinture la plus simple, ce qui est aussi faux que d'affirmer que le tennis présente moins de difficultés que le golf. C'est précisément son apparente facilité qui constitue la difficulté de l'aquarelle. Il faut apprendre à manier le hasard, voire à le produire délibérément. Il faut apprendre l'usage de la transparence et prévoir le mélange des couleurs sur la feuille. Et il faut savoir qu'il n'est pas toujours possible de corriger ou de tricher. Enfin, il faut se familiariser avec le matériel et ne pas craindre de se lancer. Il existe bien entendu des trucs et des moyens qui vous aideront à progresser. L'aquarelle a ceci de commun avec d'autres techniques qu'elle peut procurer un immense plaisir dès lors que l'on y fait preuve d'application.

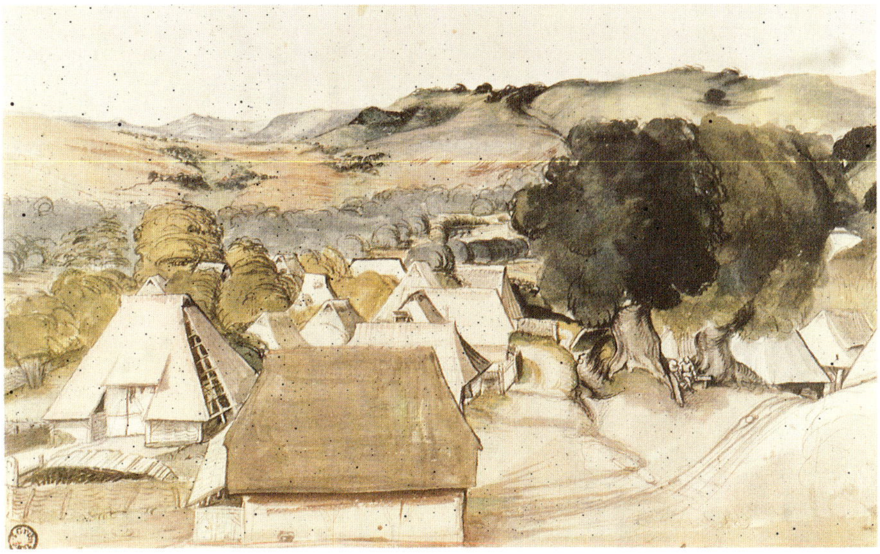

Albrecht Dürer, *Perspectives sur Kalchreuth*

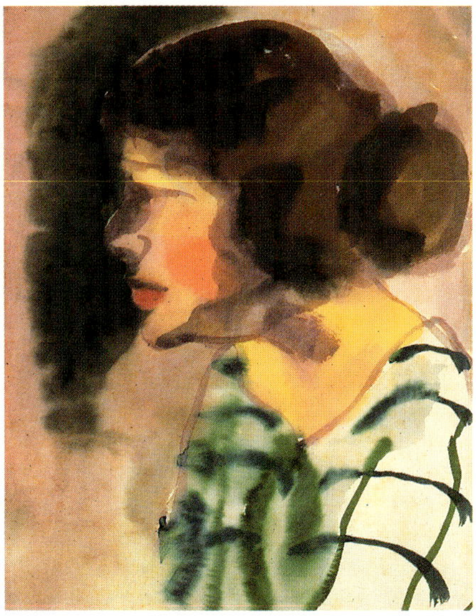

Emil Nolde, *Tête de femme,* 1933

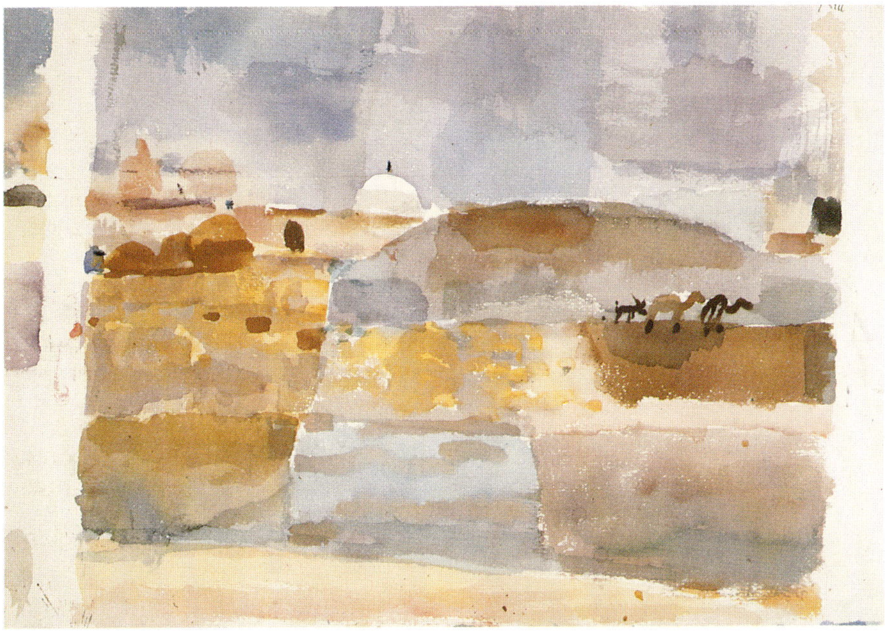

Paul Klee,
Devant les portes de Kairouan, 1914

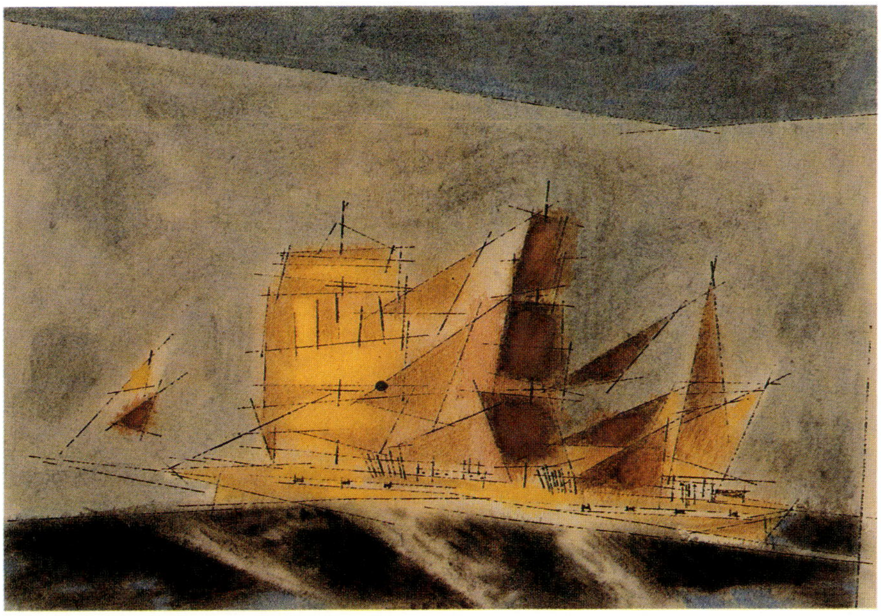

Lyonel Feininger,
Vision d'une barque, 1935

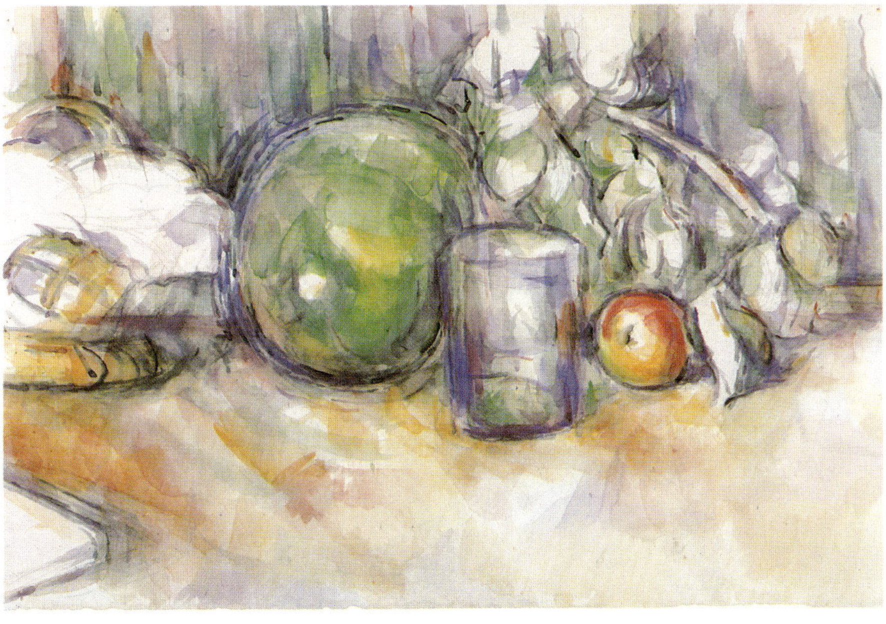

Paul Cézanne,
Nature morte au melon vert, 1902-1906

Le matériel

Il est naturellement important d'être équipé du matériel adéquat. En principe, nous conseillons d'en acheter peu, mais d'opter pour la qualité.

Les couleurs

Elles existent en tubes ou en godets. On peut les acheter séparément ou en boîte complète. La boîte d'aquarelle permet de ranger les pinceaux et d'utiliser le couvercle comme palette. L'inconvénient, c'est qu'elle contient souvent déjà des couleurs qui ne vous seront pas indispensables. Beaucoup de magasins seront prêts à vous les échanger. Les couleurs élémentaires sont les suivantes : jaune de chrome citron, jaune de cadmium clair, rouge de cadmium clair, laque de garance foncée, bleu de céruléum véritable, bleu outremer (pour plus de détails, voir les pages 11 et 12). Quant au choix entre tubes et godets, sachez que les couleurs en tube sont plus lumineuses et ont un pouvoir couvrant supérieur. Si jamais vous en sortez trop du tube, ça n'a pas d'importance ! Ne nettoyez pas la palette : les couleurs séchées se diluent au contact de l'eau et vous pouvez ainsi les réutiliser. Quant aux couleurs des godets, vous serez chaque fois obligé de les diluer à l'eau, et le résultat ne sera donc jamais très couvrant.
Attention : espacez les godets dans la boîte pour éviter que les couleurs ne se mélangent et ne se confondent.

Les pinceaux

N'achetez que peu de pinceaux, mais veillez à leur qualité. Choisissez donc un vrai poil de martre (poil de martre rouge, kolinski). Si vos tableaux sont de taille normale, un pinceau large et deux fins suffisent amplement. Je vous conseillerais un pinceau n° 10 d'une part, et un n° 3 et un n° 6 d'autre part. Vous pouvez acheter en supplément quelques pinceaux bon marché, avec lesquels vous peindrez les fonds ou quelques parties moins importantes de votre tableau. Pour leur conservation, optez pour un pincelier en bambou (voir photo à gauche) dans lequel vous pourrez les envelopper. Ils seront ainsi protégés de la poussière, et leurs pointes fragiles ne pourront pas se tordre. Ils seront aussi plus facilement transportables. Si vous n'utilisez pas vos pinceaux pendant un certain temps, conservez-les toujours dans un tiroir ou dans un récipient fermé ; sinon, des particules de poussière agglutinées finiront probablement par les abîmer. Il est nécessaire dans tous les cas de les laver scrupuleusement après usage, éventuellement avec un peu de mousse de savon. Ensuite, il faut les secouer (sans les presser !) et les laisser sécher.

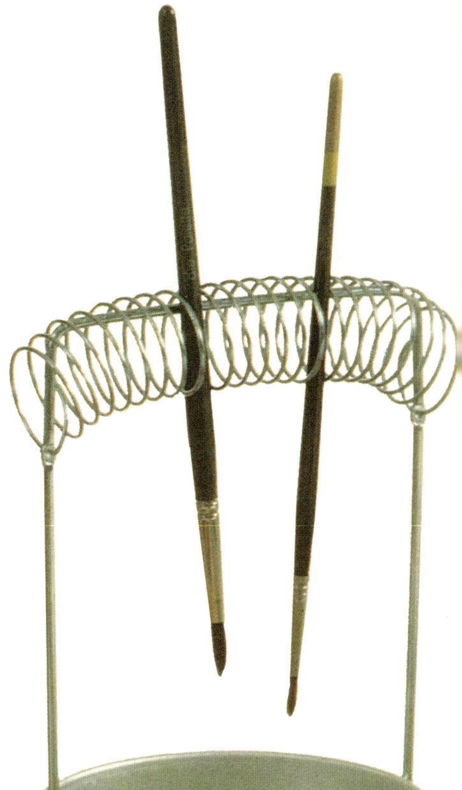

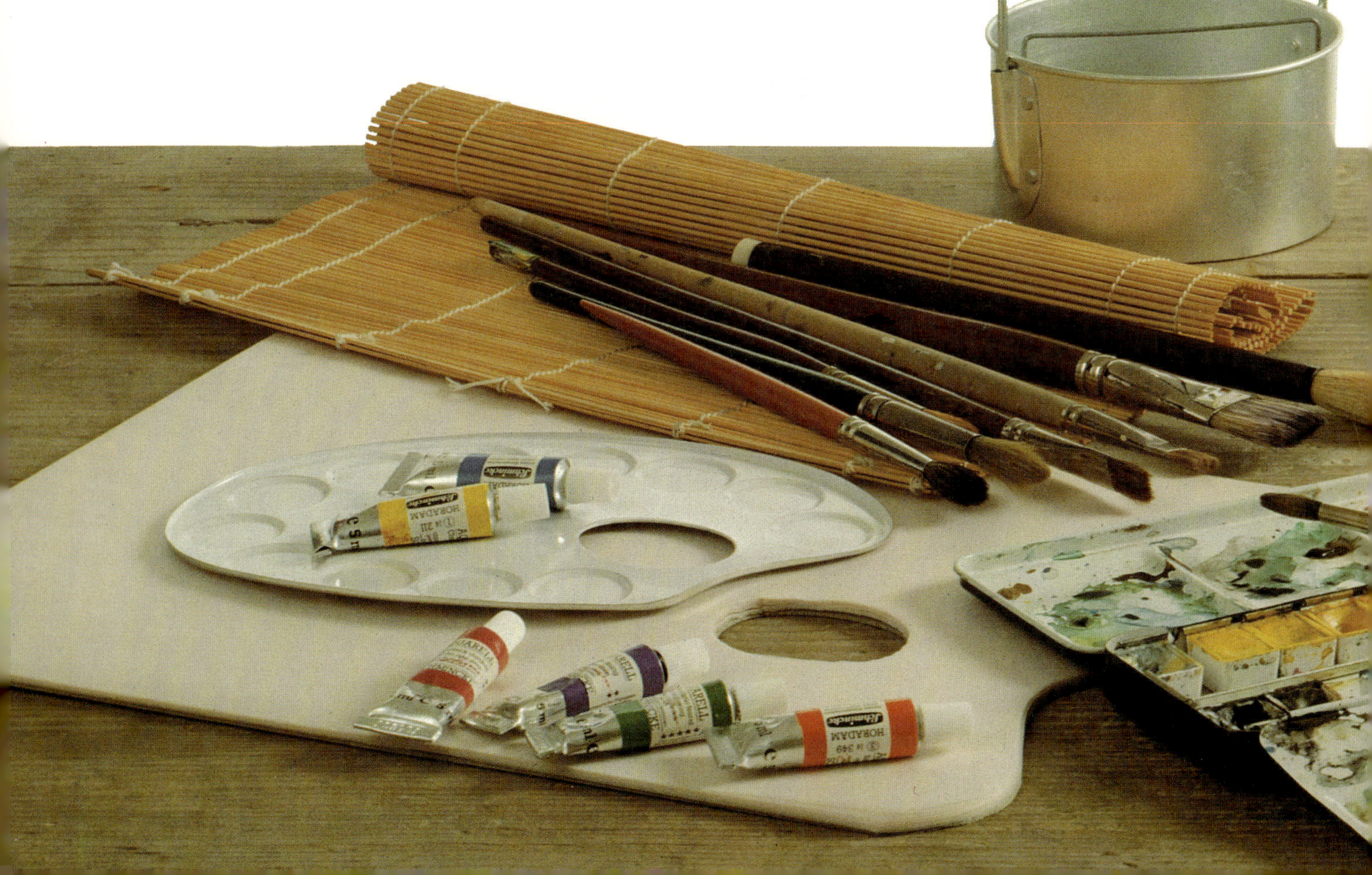

Le papier

La couleur imprègne différemment chaque papier. La structure du papier est donc très importante, car elle influence le mode de peinture. C'est ce que vous constaterez très nettement en regardant l'exemple de droite. Le plus simple sera de vous rendre chez votre fournisseur pour vous procurer un éventail des divers papiers et d'examiner leurs qualités propres.

Il existe deux sortes de papier d'aquarelle en vente : feuilles séparées ou reliées en bloc. Comme le papier se gondole quand on fait de l'aquarelle humide, les papiers séparés doivent être tendus sur une planche et fixés par des bandes adhésives. Quant aux blocs, leurs feuilles sont déjà collées sur les côtés et ne peuvent donc pas se gondoler. Au début, je vous conseillerais d'utiliser des blocs, lesquels sont plus maniables et se transportent facilement.

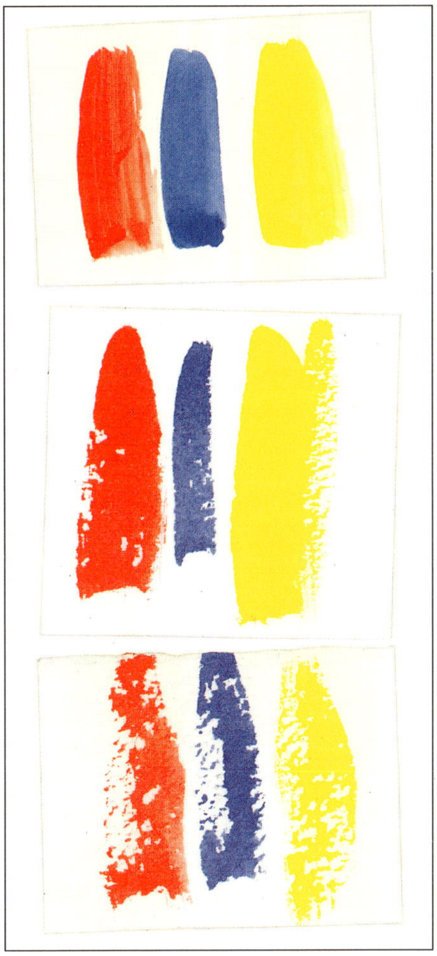

Par ailleurs

Il vous faudra aussi un récipient d'eau ou plutôt deux, pour avoir toujours de l'eau claire. En outre, un chiffon ou du papier essuie-tout vous permettront de réduire la couleur en surplus. Une petite éponge pourra également vous servir à imprimer certaines formes.

Vous pouvez utiliser le couvercle de la boîte d'aquarelle ou une plaque métallique comme palette. Il existe aussi des palettes en papier imperméable dont on arrache la première feuille comme dans un bloc, quand on ne s'en sert plus (voir l'image de gauche sous la palette).

Un porte-pinceaux sera assez pratique, pour que la couleur et l'eau puissent s'égoutter (ne jamais laisser le pinceau dans l'eau la tête vers le bas !). Pour les esquisses préliminaires, vous utiliserez de préférence un crayon à la mine tendre. Évitez de vous servir de la gomme, car le papier sous son action devient rêche, et la couleur que vous appliquerez par-dessus ne rendra pas.

Si vous désirez travailler des surfaces blanches, vous aurez encore besoin d'un tube de gomme arabique ou de gomme liquide.

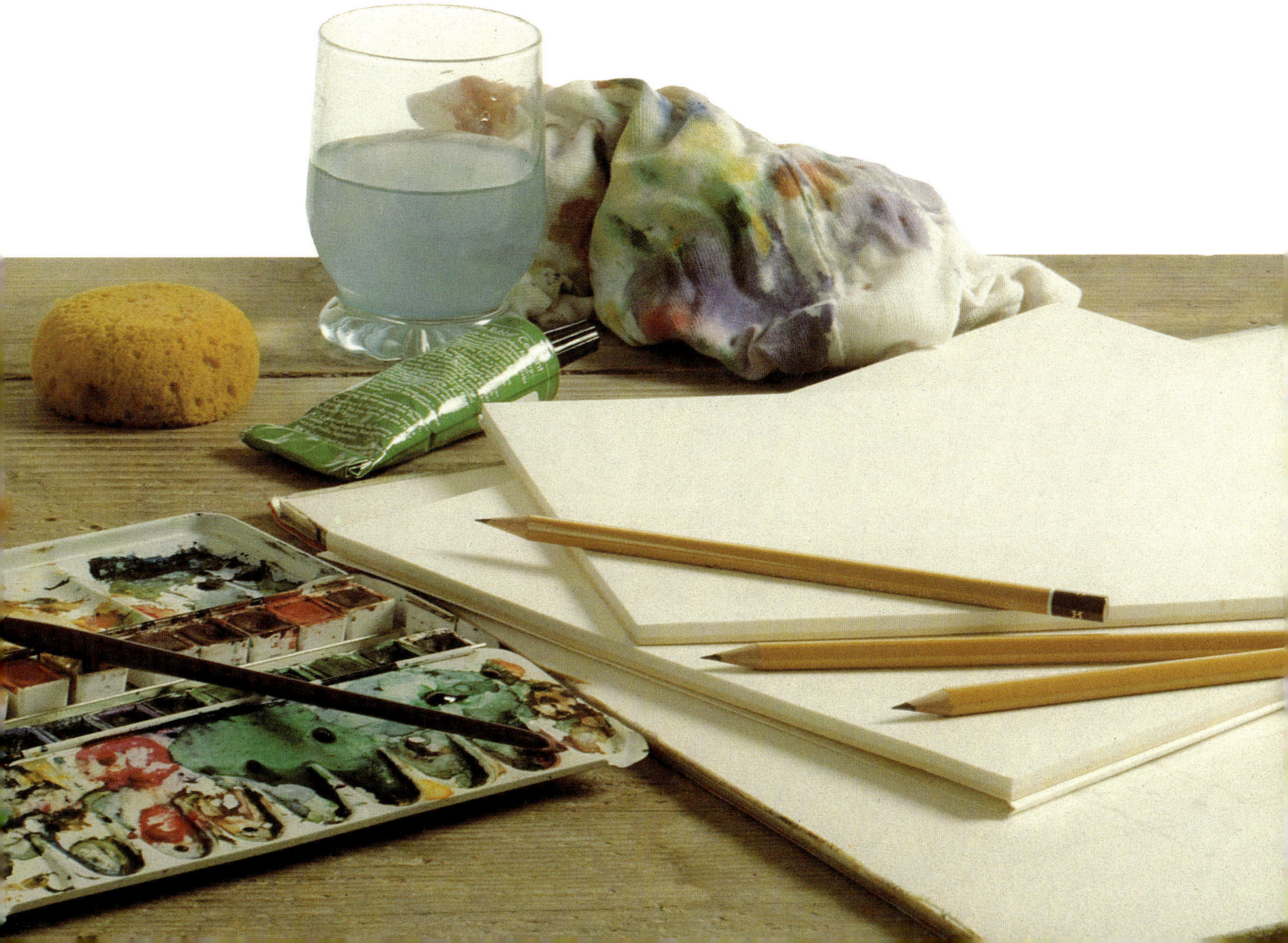

Les couleurs élémentaires et leurs mélanges

Au début, vous n'aurez pas besoin de beaucoup de couleurs différentes. L'important, ce sera d'acheter les bonnes, qui vous permettront ensuite de composer les couleurs supplémentaires en procédant à des mélanges. Car, si vous mélangez de mauvaises couleurs, vous n'obtiendrez que des bruns ou des gris fort disgracieux.

Dans l'encadré ci-dessous sont présentées les couleurs de base dont vous avez besoin pour votre équipement.

Si vous achetez une boîte d'aquarelle, vérifiez que les couleurs s'y trouvent bien. Mélangez ces couleurs élémentaires entre elles, de façon à réaliser toutes les combinaisons possibles. Vous serez étonné de voir le nombre de couleurs différentes qu'elles permettent d'obtenir. Cela vous donnera en outre une idée de ce dont vous êtes capable en ce qui concerne les mélanges.

Il vaut mieux utiliser pour vos essais des brouillons ou le verso de certains travaux ratés.

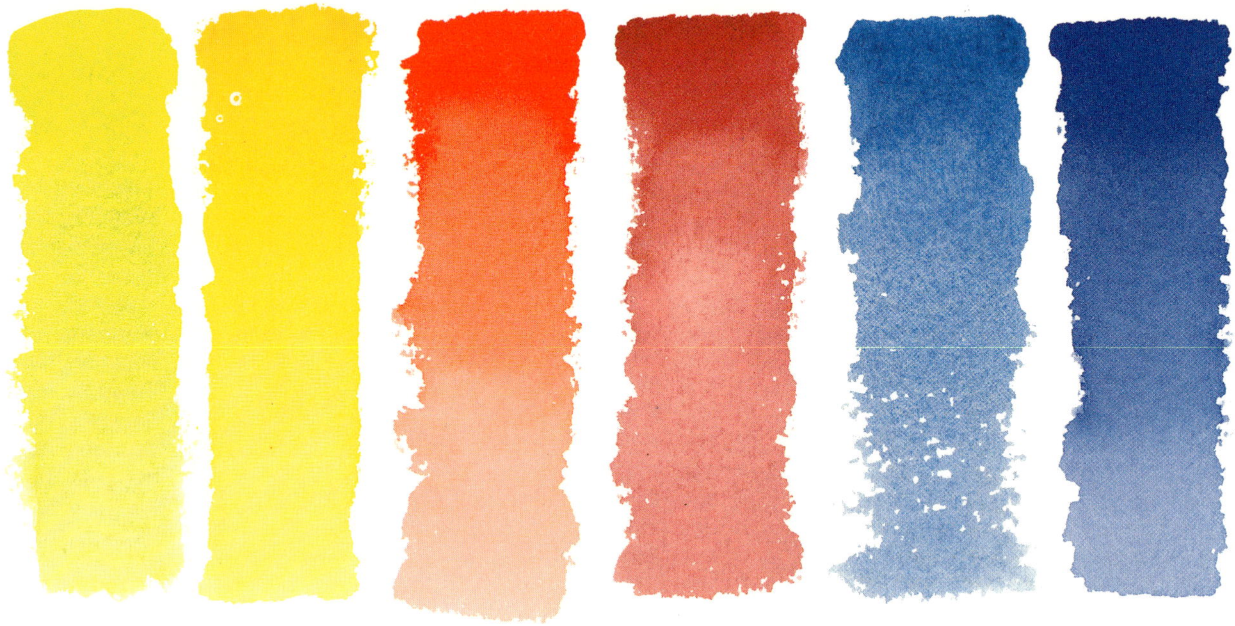

Jaune de chrome citron — *Jaune de cadmium clair* — *Rouge de cadmium clair* — *Laque de garance foncée* — *Bleu céruléum* — *Bleu outremer*

Si vous désirez augmenter votre palette de base, il faut que vous sachiez d'avance quels sont les mélanges possibles. Je vous propose ici quelques teintes qui s'intégreront bien dans votre équipement de base. La partie supérieure foncée correspond chaque fois à une couleur non diluée.

Orange de cadmium foncé — *Ocre jaune* — *Terre d'ombre brûlée* — *Vert de Hooker* — *Violet lumineux* — *Vert d'oxyde de chrome lumineux*

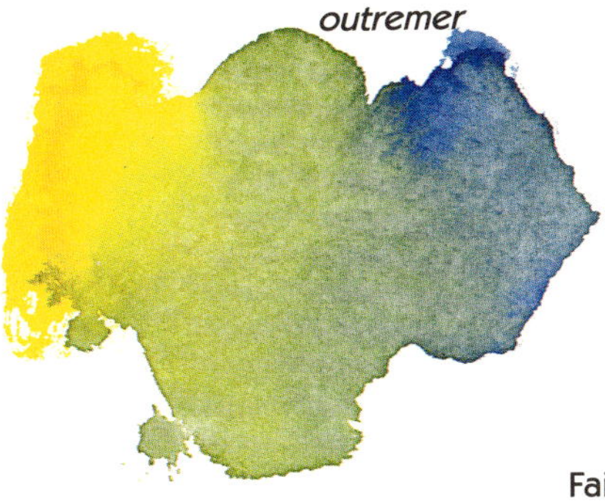

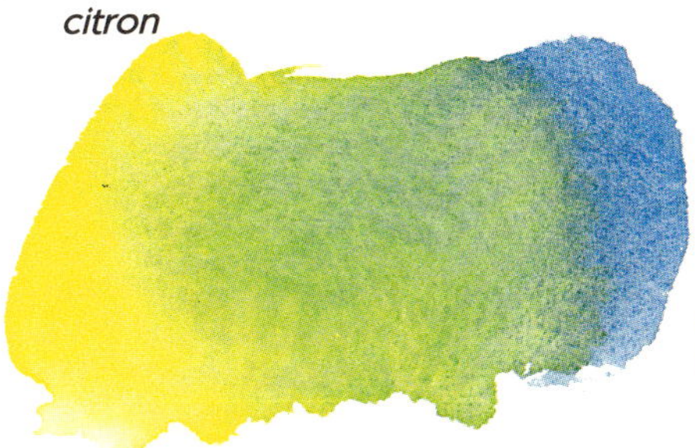

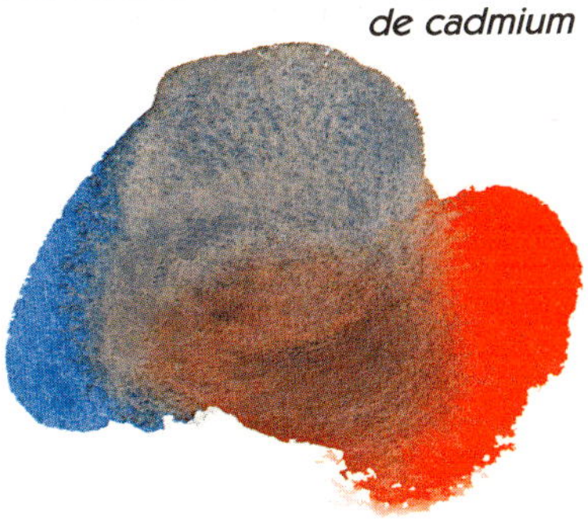

Faites vous-même quelques essais, même si cela ne donne pas à chaque fois de belles couleurs. Il serait bon que vous notiez les proportions de certains de vos mélanges, de façon à pouvoir reproduire les mêmes opérations si vous le désirez. Vous obtiendrez ainsi une palette personnelle, sur laquelle vous pourrez toujours revenir.

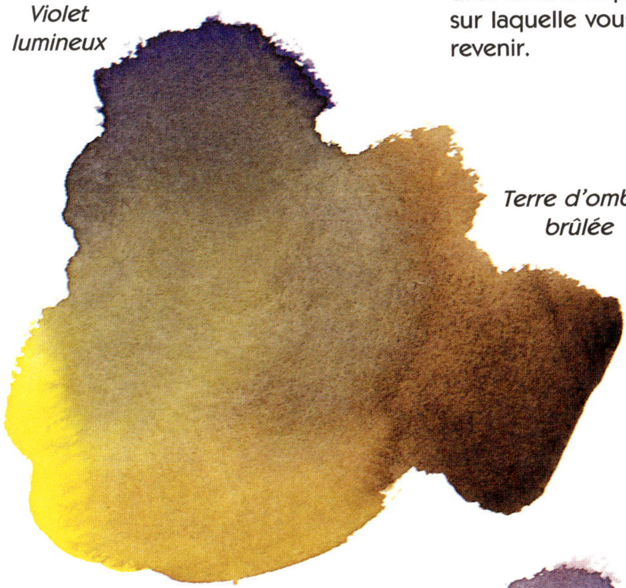

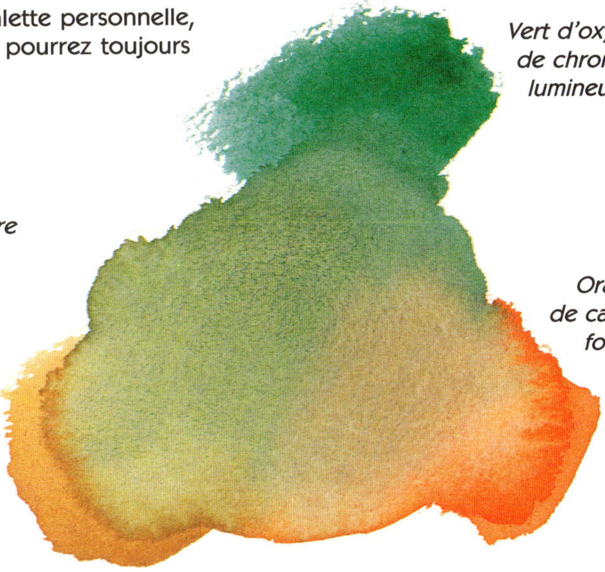

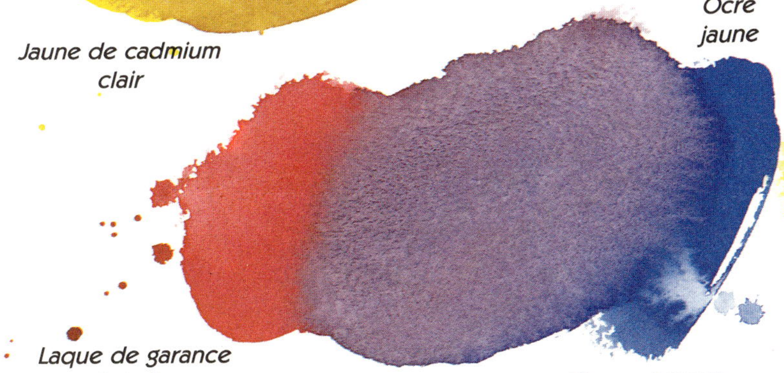

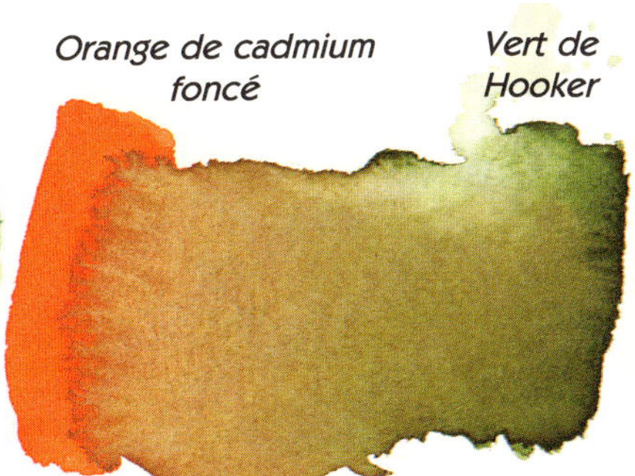

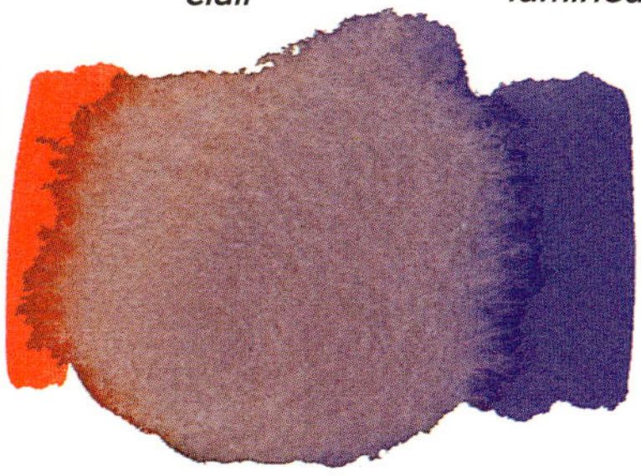

Les techniques de base

Ce qui caractérise la peinture à l'aquarelle, c'est, d'une part, la transparence des couleurs, que l'on utilise de manière à peine couvrante, et, d'autre part, la spontanéité dans la façon de travailler. Plus que dans d'autres techniques, il est possible d'improviser et d'utiliser les couleurs comme bon vous semble. Chacun a ses préférences, ses petites « trouvailles » et ses trucs. Il faut faire toutefois très attention, au début, de ne pas tomber dans l'excès. Ainsi, il vaut mieux éviter de mélanger trop de couleurs différentes sur le papier, et de passer de la peinture trop souvent au même endroit, ce qui ne donne la plupart du temps que des tons « sales » et finit par gâcher l'aquarelle, dont la fraîcheur est précisément l'attrait principal. Malgré toutes les libertés que vous pourrez prendre par la suite, il est nécessaire de maîtriser tout d'abord quelques techniques de base. Essayez-vous-y sur des brouillons. Voici les plus importantes :

Aquarelle humide

Les couleurs humides se fondent les unes dans les autres. Il y a donc deux possibilités :
1) la feuille entière est humidifiée à l'aide d'une éponge ou d'un pinceau large, et l'on peint par-dessus avec des couleurs elles-mêmes diluées. Ainsi, chaque touche de couleur se répand, et vous n'obtiendrez ni bordures ni lignes précises. Faites attention au moment où vous humidifiez le papier : si vous frottez trop fort, le papier deviendra rêche, ce qui rendra certaines couleurs assez laides.
2) Voyez à droite la seconde possibilité : les couleurs ont été diluées avec beaucoup d'eau et appliquées sur un support sec. Ainsi, elles se mêlent sans fuser.

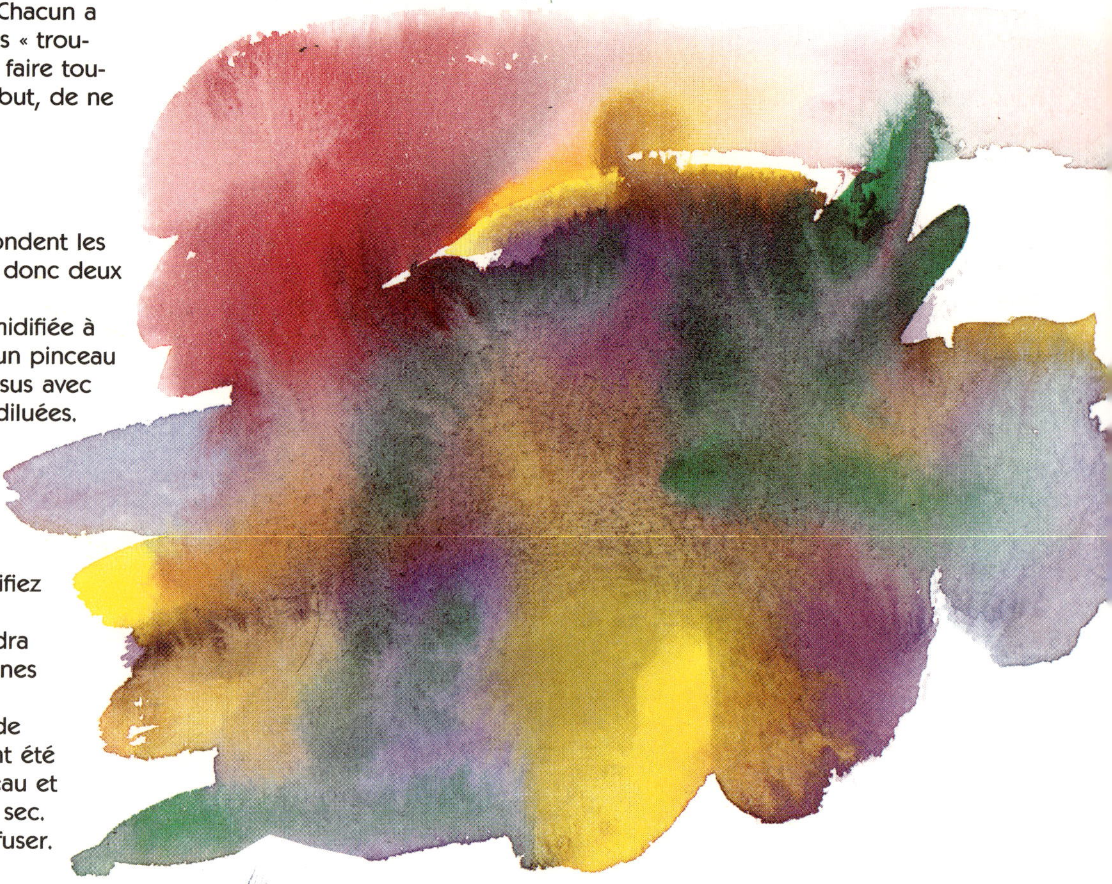

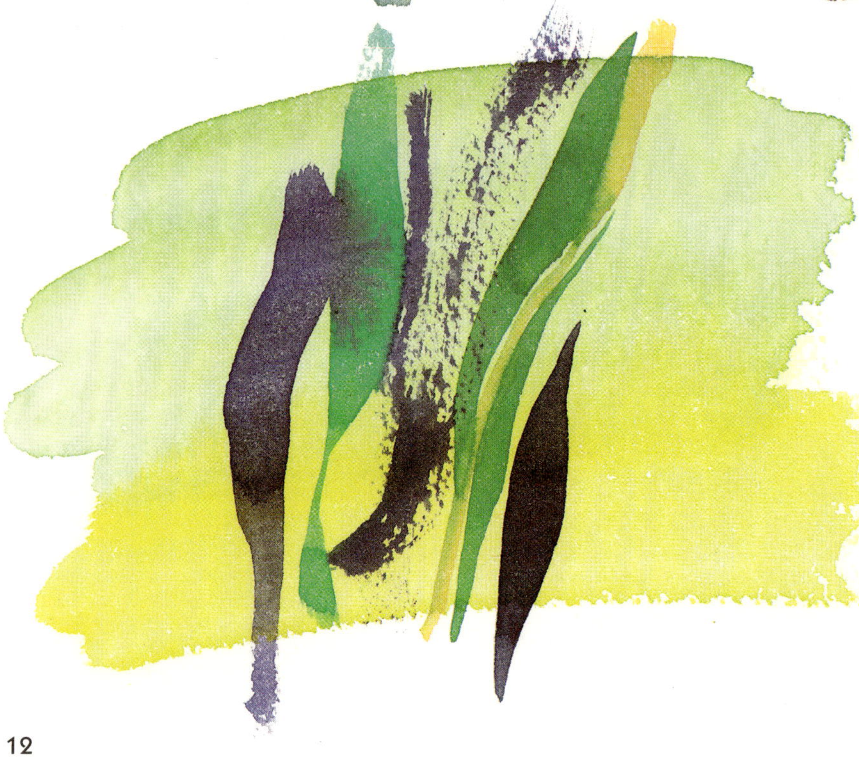

Aquarelle sèche

Il s'agit là de peindre des formes nettes sur un support sec. Vous en voyez un exemple à gauche. Sur un fond de couleur que l'on laisse d'abord sécher, on repasse avec un pinceau humide. Un pinceau sec peut néanmoins produire aussi des effets intéressants.
Attention : selon l'humidité du support, la touche du pinceau change. Si le fond n'est pas tout à fait sec, la couleur fusera, la ligne apparaîtra floue.
Essayez toutes ces possibilités et commencez par un papier humide. Peignez maintenant une couche toutes les deux minutes, c'est-à-dire chaque fois que le papier est un peu plus sec. Vous verrez que chaque touche est différente.

Le glacis

Le glacis est un procédé qui profite d'une des qualités inhérentes à l'aquarelle : la transparence. Il permet de superposer les couleurs pour obtenir l'effet coloré désiré. Dans ce cas particulier, on laisse sécher la couleur qui a été appliquée sur un support sec avant d'y superposer une nouvelle couche.
Si vous utilisez délibérément la technique du glacis, vous devez prendre garde que les couleurs sèches se délavent quand vous peignez par-dessus. Aussi, n'utilisez pas trop d'eau et passez assez rapidement sur les endroits déjà peints.

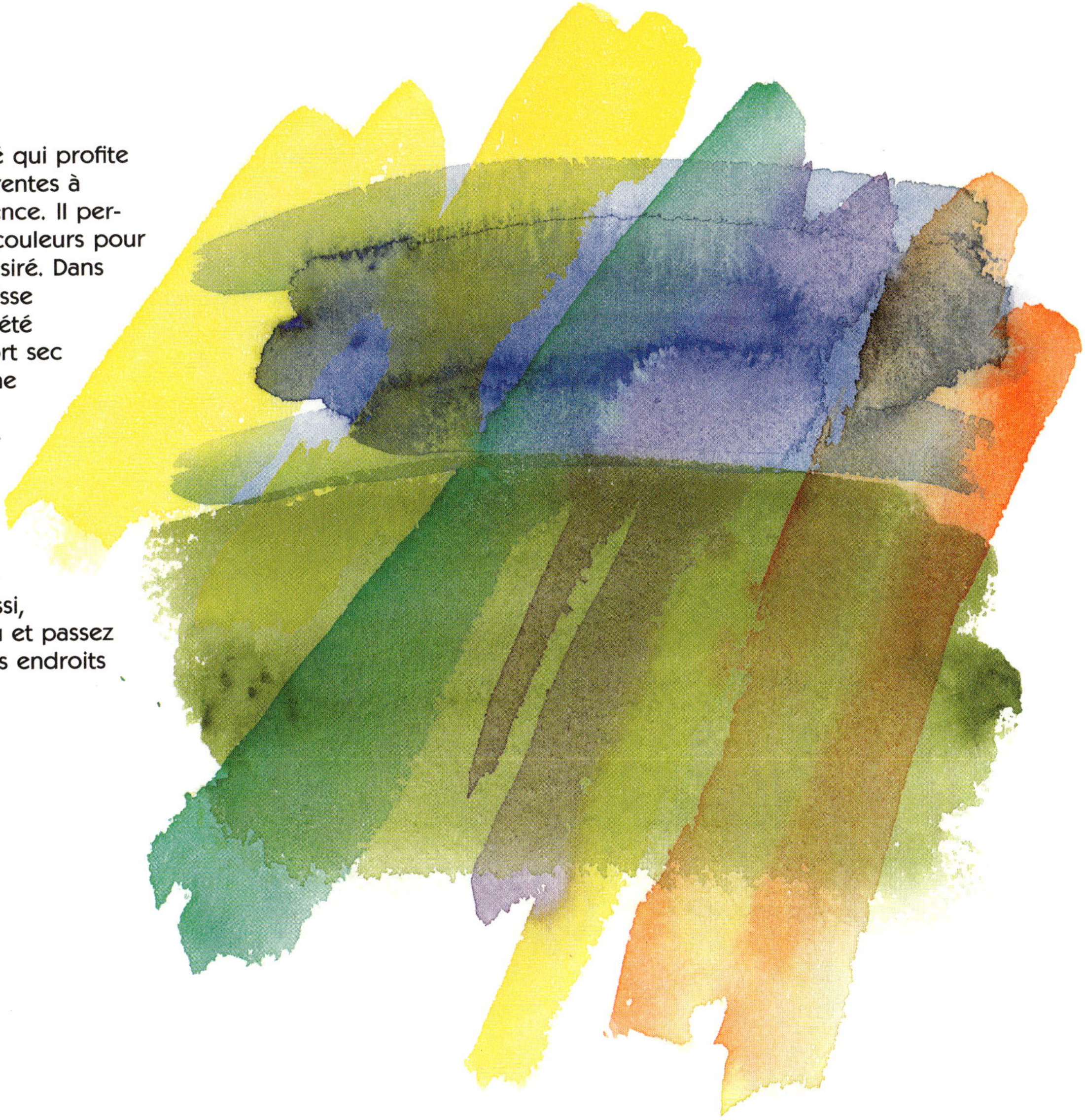

Voici le même motif traité selon les trois techniques différentes :
La fleur peinte à l'aquarelle humide est fondue au niveau des couleurs, seules les tiges ont été peintes sur du papier pratiquement sec.

Ici, j'ai mélangé d'abord le jaune de la fleur et le vert du fond en laissant sécher ensuite. Les lignes et les feuilles ont été ajoutées successivement, lorsque ce qui avait été peint auparavant était déjà sec.

Quand on applique la technique du glacis, la fleur semble posséder plusieurs facettes et couches profondes. Chaque touche doit transparaître et donner à la fleur une apparence de plénitude.

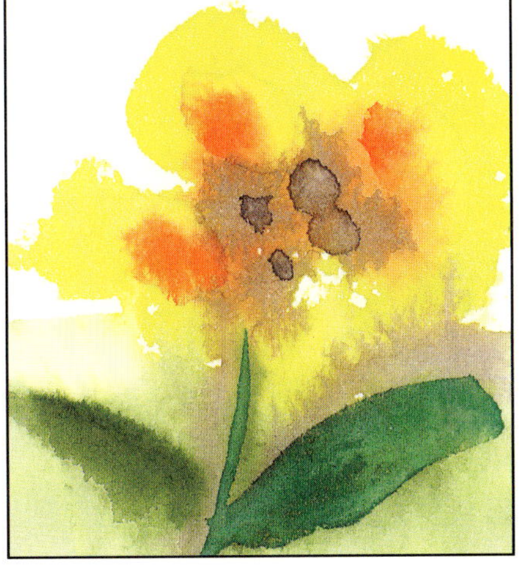

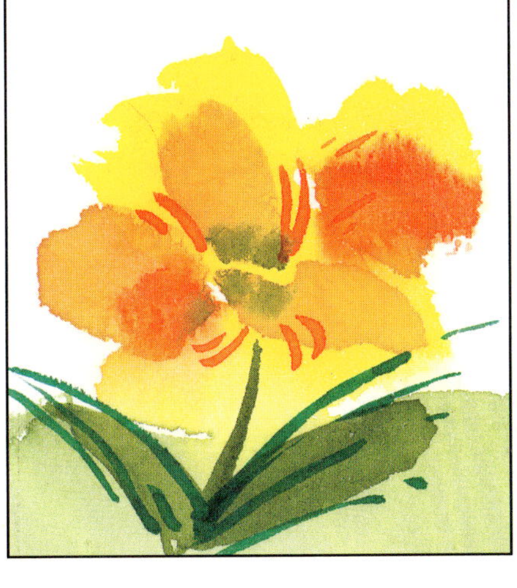

Le lavis

Répartir régulièrement la couleur sur une surface n'est pas aussi simple que de l'y appliquer librement. Mais on a besoin de recourir à une telle technique, par exemple pour peindre un ciel serein, de l'eau immobile ou un mur. Cette régularité s'obtient plus facilement si l'on utilise la technique du lavis, laquelle ne présente guère de difficulté, mais demande un peu d'exercice. On humidifie d'abord la surface du papier avec un pinceau large, avec une éponge ou avec un chiffon. Si vous choisissez ce dernier, faites attention : ne frottez pas trop fort. Le papier deviendrait rugueux, et, en certains endroits, la couleur s'y concentrerait, formant des taches. Essayez d'abord sur de petites surfaces, pour voir comment la couleur se répand.

Le dégradé monochrome

Commencez par appliquer la couleur dans la partie supérieure et menez le pinceau ensuite régulièrement vers le bas (l'illustration vous montre le mouvement du pinceau). Vous pouvez tenir le papier incliné ou mettre quelque chose en dessous de sa partie supérieure afin de mieux répartir la couleur. On travaille toujours du plus sombre au plus clair, parce qu'il est plus facile de réduire la couleur

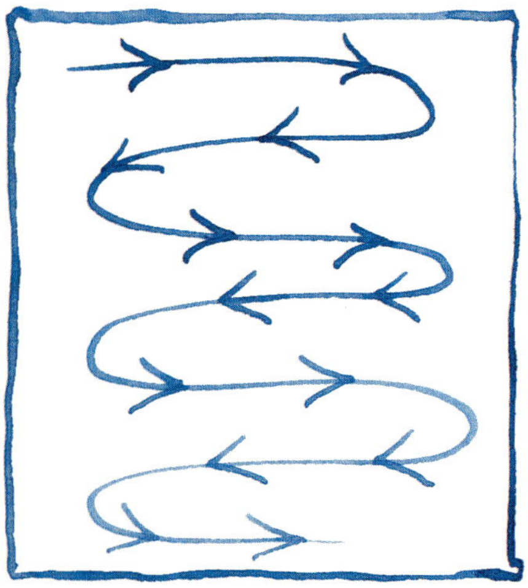

que d'en ajouter. Si vous voulez placer la partie claire vers le haut, inversez tout simplement le procédé.
Le contraste et l'intensité dépendent de la quantité de couleur et de son degré de dilution.

Si vous commencez par une couleur peu diluée, votre dégradé aura un aspect plus sombre. Si vous commencez avec une couleur très diluée, il aura un aspect plus clair.

Le dégradé à deux couleurs

Cette technique est analogue au dégradé monochrome. On humidifie d'abord le papier, de telle manière que les endroits où les couleurs passent l'une dans l'autre soient particulièrement humides.
Vous commencez à nouveau par le haut et faites en sorte que la couleur se répartisse vers le milieu. Ensuite, vous répandez la couleur du bas jusqu'aux endroits humides. Vous pouvez tourner la feuille et jongler un peu ; c'est une pure question d'exercice.

Attention : l'eau et le pinceau doivent être toujours parfaitement propres.

Les traits de pinceau

Si vous tracez une ligne avec un crayon à mine tendre, elle varie selon la pression de la main. C'est encore plus net avec le pinceau, où la quantité de couleur et le degré d'humidité jouent aussi. Vous pouvez le constater en comparant les deux traits. Essayez de tracer des lignes avec des pinceaux de différentes largeurs. Laissez la main souple et amusez-vous un peu.

À titre d'exemples, j'ai employé ici un pinceau large (n° 6) et un pinceau fin (n° 3). Vous voyez nettement les endroits plus concentrés en couleur et ceux où pinceau large et pinceau fin trouvent leur application.

Je vous conseille d'avoir toujours à portée de main un morceau de papier pour vous exercer avant de commencer à peindre.

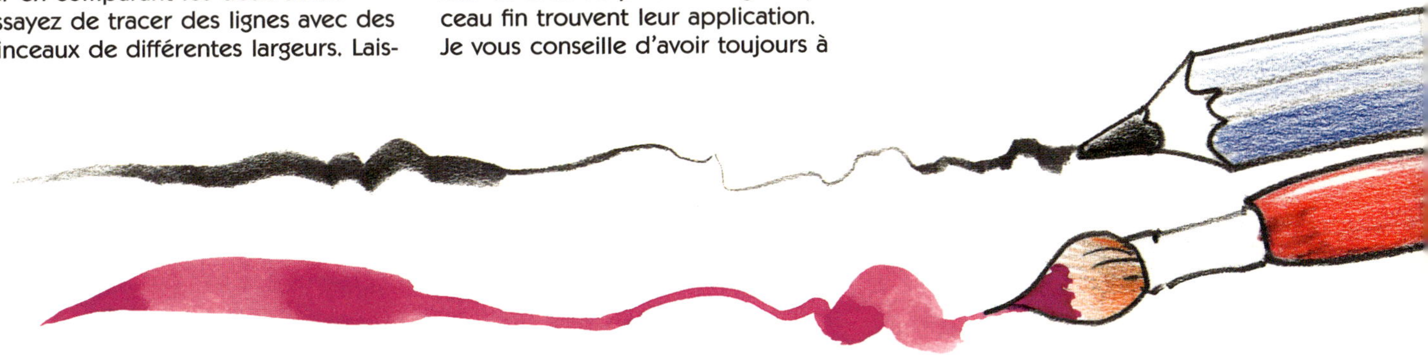

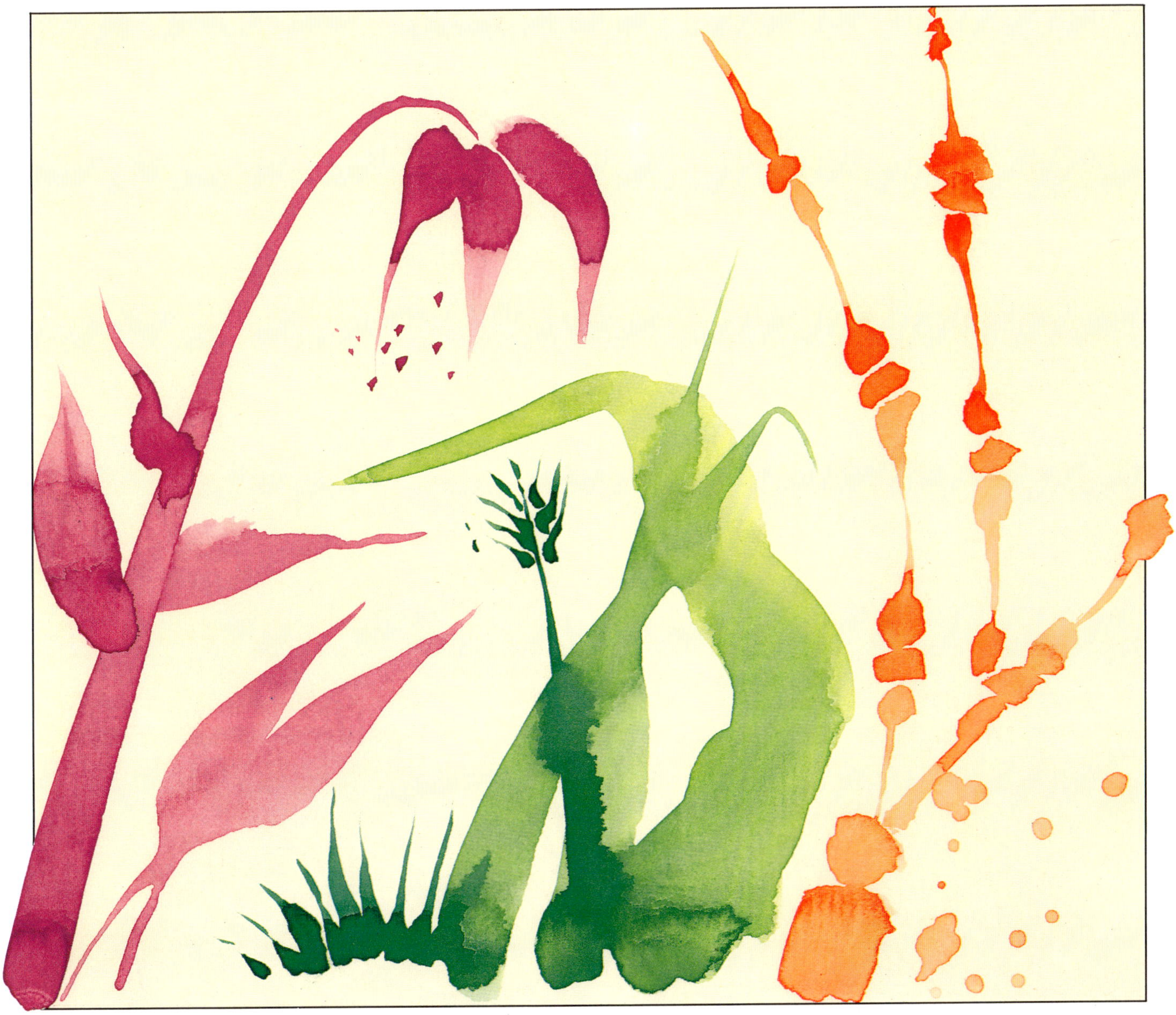

Ce que les couleurs expriment

L'atmosphère d'un tableau ne dépend pas seulement du motif, mais aussi très largement de la répartition des couleurs. Un tableau qui représente l'automne peut traduire la joie ou la mélancolie. Nous distinguerons surtout couleurs chaudes et couleurs froides. Vous avez peut-être déjà ressenti la fraîcheur d'une pièce peinte en bleu et l'atmosphère chaleureuse d'une pièce jaune. Il y a pour cela de bonnes raisons : la neige et la glace nous apparaissent bleuâtres, et nous associons le bleu à la sensation du froid. Le soleil et les objets éclairés semblent légèrement jaunes, et nous identifions la couleur jaune à la chaleur. Mais il existe aussi des couleurs neutres, qui ne se rattachent pas nettement à l'un de ces deux pôles : par exemple, le mauve rougeâtre ou le jaune verdâtre. Comparez les deux mélanges. Bien qu'ils comportent tous deux du rouge, du jaune, du bleu et du vert, celui de gauche donne une sensation de chaleur, celui de droite une sensation de froid. Ce sont les proportions de rouge et de bleu qui font la différence. Les couleurs de gauche comportent proportionnellement plus de rouge, celles de droite plus de bleu.

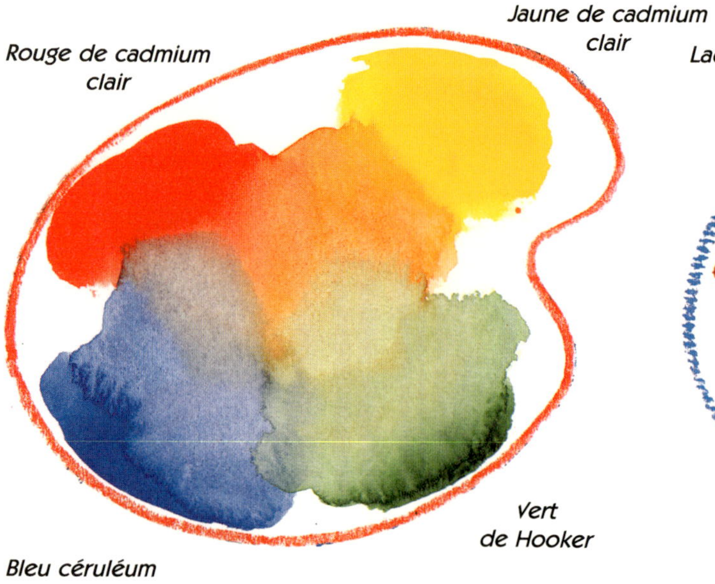

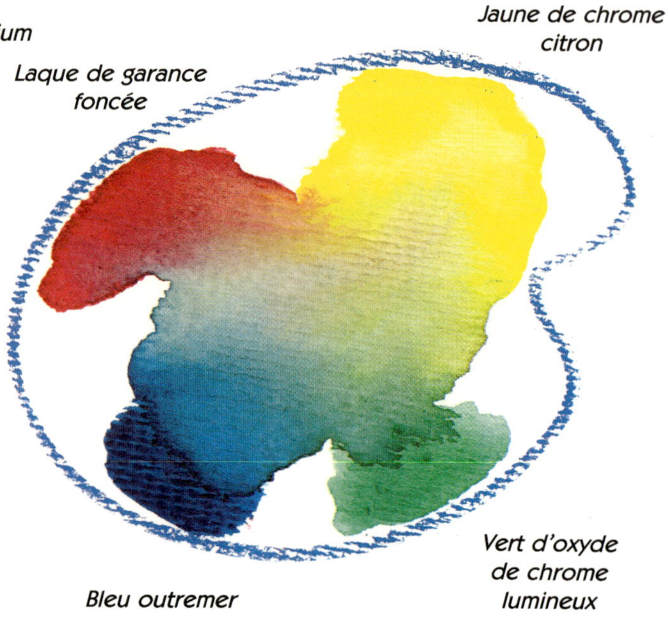

Voyons cela de plus près à travers un paysage simple. À gauche, les arbres et le ciel ont une allure printanière. Les tons chauds et clairs sont prédominants et déterminent l'atmosphère du tableau. Les quatre couleurs de la palette ont été appliquées avec beaucoup d'eau sur un support sec ; le jaune a été appliqué presque pur.

Nous voyons ici le même motif sur le même support sec. Le paysage paraît maintenant beaucoup plus sombre et froid. Les couleurs sombres déterminent l'atmosphère générale. Vous voyez nettement que le jaune et le rouge n'expriment aucune chaleur, car ils comportent des parties de bleu.

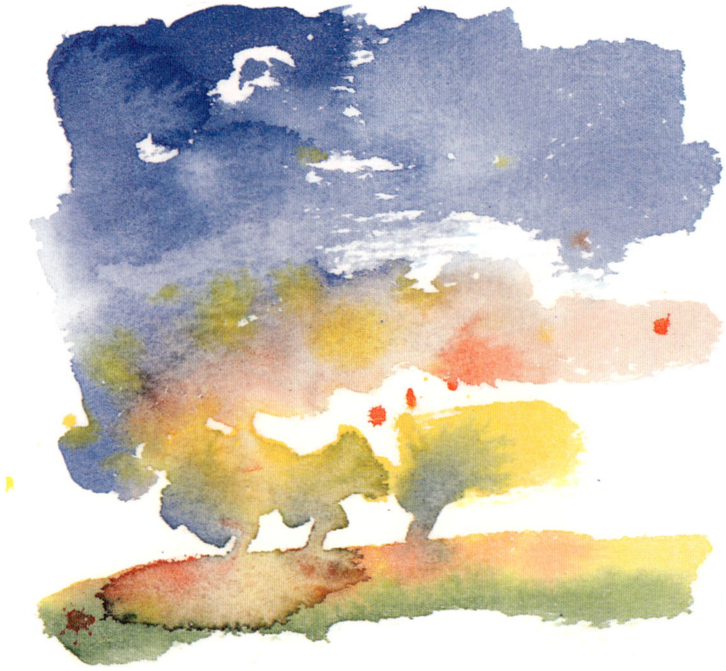

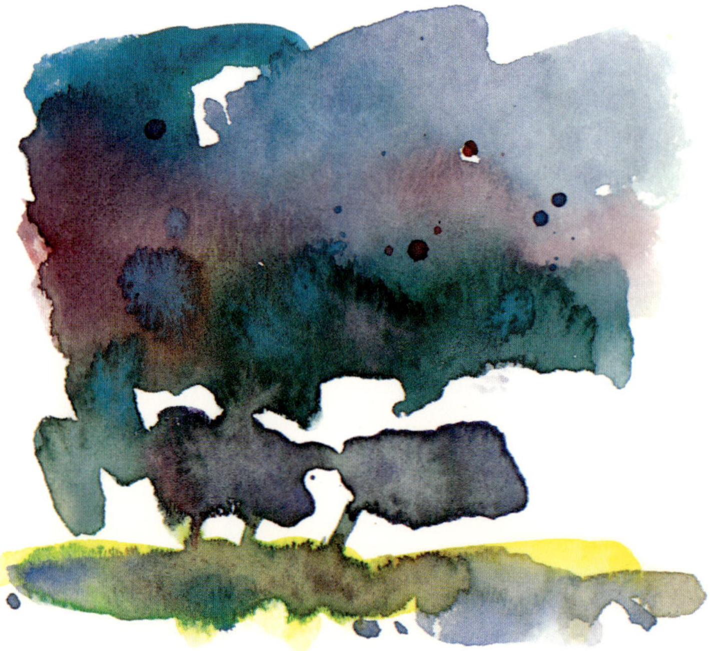

En haut : un lavis de bleu céruléum est appliqué directement sur le papier blanc.
En bas : bleu outremer, terre d'ombre brûlée et jaune de chrome citron.

Bleu outremer en haut, bleu céruléum en bas, puis tamponner.

Ciels et nuages

Les couleurs chaudes et froides jouent un rôle très important dans la représentation des ciels et des nuages. Pensez seulement aux sensations si différentes que nous procurent un orage d'été ou une tempête de neige. Il ne s'agit pas tant des formes précises des nuages que de la représentation de l'atmosphère générale. Il existe plusieurs façons de peindre des nuages, et il n'est pas toujours facile de transposer leurs formes fascinantes sur le papier. Malheureusement, il n'y a pas de recette miracle, seuls l'exercice et la pratique peuvent vous faire avancer. Considérez tranquillement, sans lorgner vers la boîte d'aquarelle, le ciel avec ses nuages. Vous verrez qu'il y a presque toujours des endroits avec des blancs, même si le ciel est très sombre. Et, la plupart du temps, les nuages sont plus sombres vers le bas et plus clairs vers le haut. Effectuez éventuellement une esquisse en noir et blanc avant de vous mettre à peindre, comme je l'ai fait ci-dessus. Vous mettrez ainsi en évidence les valeurs claires, qu'il vous sera ensuite plus facile de transposer. Dessinez le moins possible de ciel au crayon, car les traits transparaissent et pourraient devenir gênants.

Un exemple : le papier est d'abord humidifié. J'ai réparti ensuite sur le fond mouillé les couleurs du bas et d'en haut sur la partie blanche. Le nuage paraît moelleux grâce aux couleurs qui se sont diffusées en douceur vers le milieu.

Autre exemple : appliquez les couleurs diluées et formez des nuages en tamponnant avec une serviette douce. Si on laisse sécher d'abord un peu les couleurs et que l'on répète l'opération, on retient toujours un reste délicat de la couleur séchée, ce qui renforce la mollesse des nuages. Essayez quelques variantes du même sujet sur des papiers brouillons !

À l'essai

Les principales techniques d'aquarelle ont été appliquées à un même tableau. Faites tranquillement des essais de couleurs, en vous référant aux paysages très stylisés que nous vous proposerons ici. Pensez que tout ce que vous risquez de gâcher, c'est du papier.

Aquarelle humide

Je n'ai pas humidifié le papier mais j'ai appliqué la couleur diluée directement sur le papier. Les couleurs diluées se fondent facilement quand elles se touchent. C'est ce que vous constatez également ci-contre. Sur le tableau, vous retrouverez cette technique au niveau du ciel et de la pelouse. Si quelques parties blanches apparaissent, vous pouvez les intégrer dans la formation des nuages.

Aquarelle sèche

Si on laisse sécher les bords de la première couleur avant de disposer la seconde couleur, on crée des lignes nettes. Cela conviendra parfaitement pour une ligne d'horizon, comme ici, ou pour d'autres surfaces nettement délimitées.

Blancs

Il est souhaitable de prévoir les blancs à l'avance. On a deux possibilités :
1) contourner la surface comme pour la maison ci-contre. Mais cela exige une certaine pratique, afin d'éviter un indésirable cumul de couleurs sur les bords ;
2) couvrir la surface au préalable avec une gomme arabique ou de la gomme à masquer. Utilisez de préférence un vieux pinceau, car ces solutions sont difficiles à ôter complètement du pinceau. On peut à nouveau peindre par-dessus quand l'ensemble est sec. L'aquarelle terminée, on gratte la gomme, et la surface libre peut à nouveau être utilisée.
Attention : il peut arriver que la gomme n'ait pas recouvert complètement un papier rugueux et que la couleur s'infiltre dans la partie réservée au blanc.

Détails

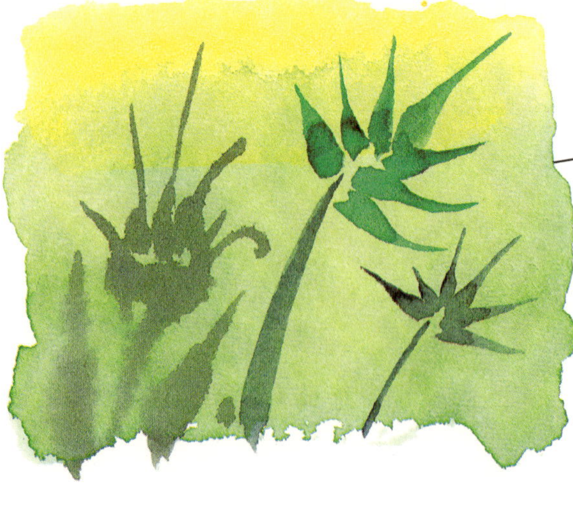

Les formes nettes et les contours se disposent ensuite sur le tableau sec. Des exercices pratiques comme ceux qui sont décrits aux pages 14 et 15 vous y aideront. J'ai ajouté ici de la verdure et des feuilles. Des flous naissent quand on peint sur une surface encore un peu humide. Ce tableau gagne ainsi en modelé.

Couleurs employées

Bleu outremer
Ocre jaune
Terre d'ombre brûlée
Vert d'oxyde de chrome lumineux
Jaune de cadmium clair
Laque de garance foncée
Gris de Payne

Pinceaux

Pinceaux arrondis en poil de martre
n°s 10, 5 et 3

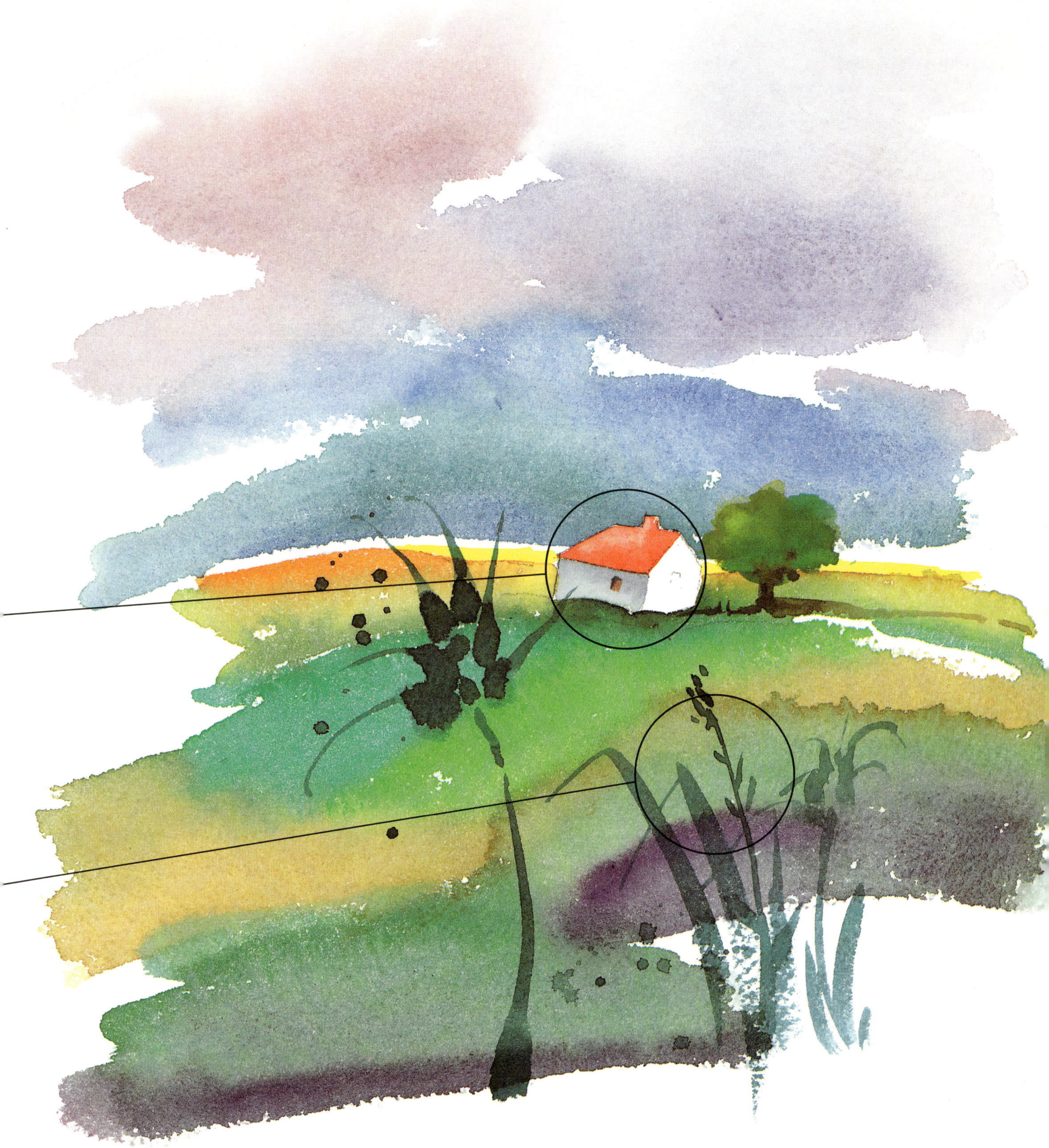

Apprendre à voir

Nous sommes tous capables de voir, pensez-vous. Or deux individus, placés devant la même vue, en retireront des perceptions tout à fait différentes, selon ce qui leur paraîtra le plus important à l'un ou à l'autre.
Le peintre veut transposer sur le papier ce qu'il a ressenti. Il lui est donc nécessaire de réduire sa perception. Car il peut difficilement peindre chaque petite feuille d'un arbre. Il faut qu'il se limite à l'impression générale.
Il n'est pas facile d'apprendre à transposer et à schématiser ce que l'on voit. Rigoureusement parlant, on peut ramener presque tout à cinq figures fondamentales, ce qui va nous aider pour l'esquisse des motifs. Ces figures fondamentales, que vous voyez ci-dessous, sont les suivantes : le carré, le triangle, le cercle, l'ovale et le rectangle.

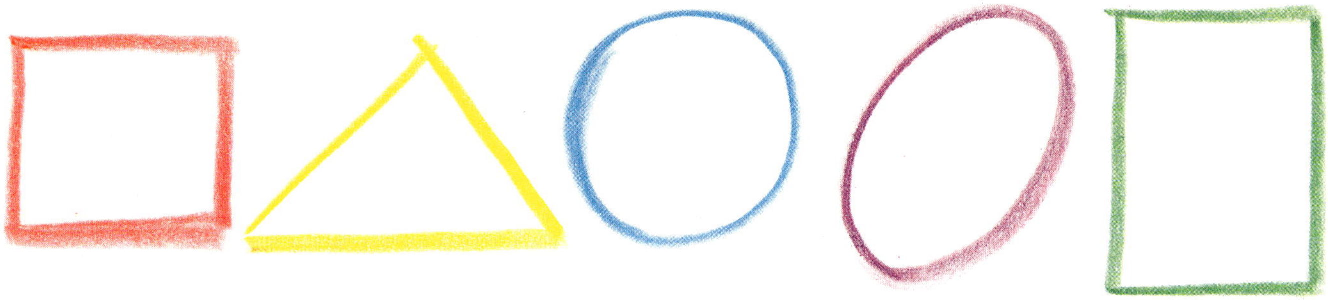

Cet exemple va vous aider à comprendre ce que je veux dire. Écartez pour l'instant la question de la tridimensionnalité et concentrez-vous sur l'essentiel.

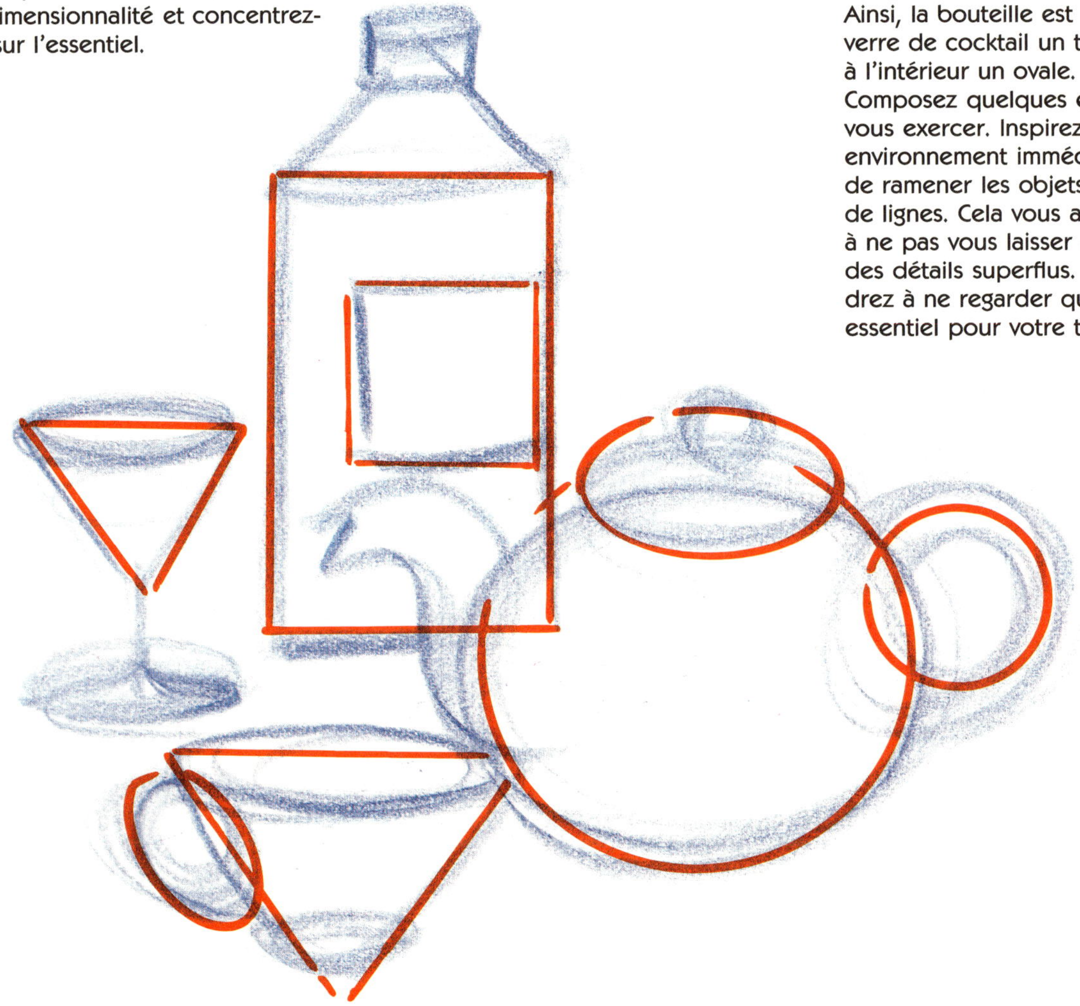

Ainsi, la bouteille est un rectangle, le verre de cocktail un triangle et l'olive à l'intérieur un ovale.
Composez quelques esquisses pour vous exercer. Inspirez-vous de votre environnement immédiat et essayez de ramener les objets à un minimum de lignes. Cela vous aidera plus tard à ne pas vous laisser perturber par des détails superflus. Vous apprendrez à ne regarder que ce qui est essentiel pour votre tableau.

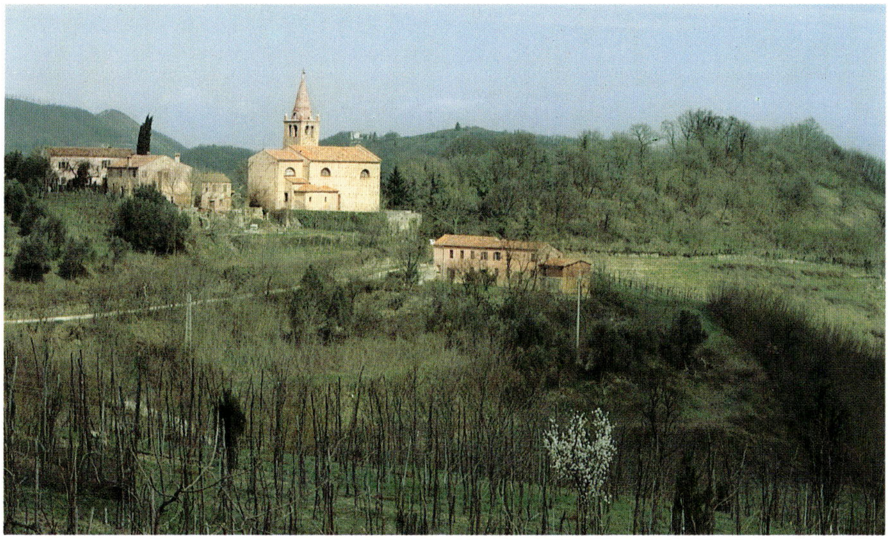

Prenons un exemple. Voici une photo représentant une vue tout à fait banale, qui n'est pas particulièrement cadrée. Il y a là beaucoup de vert et de vignobles, l'église et la maison sont à l'arrière-plan.

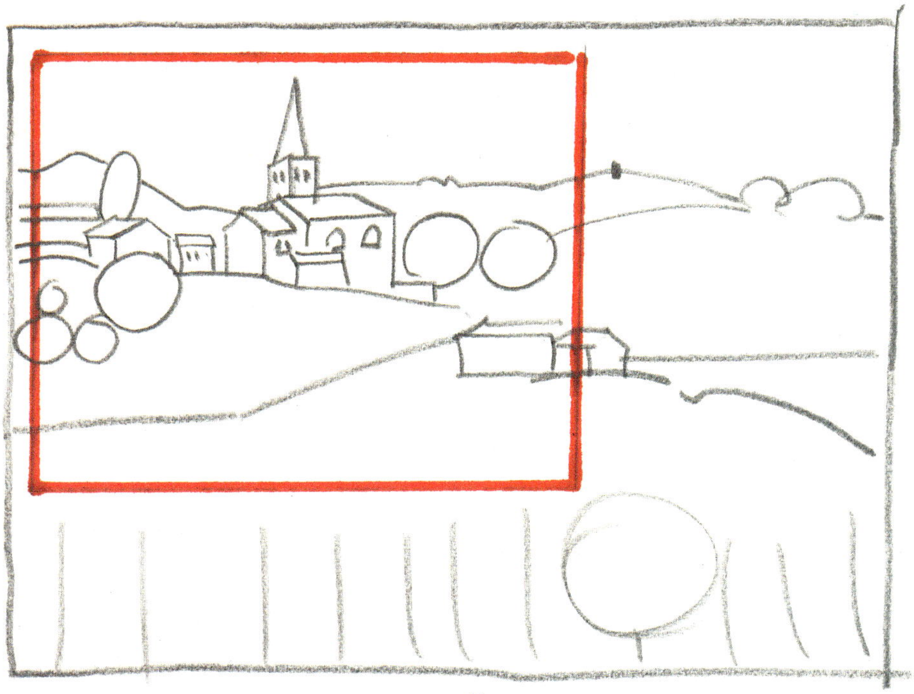

Ramenons maintenant tout cela à des formes simples, de façon à prendre conscience de ce qui est important et à voir aussi ce que l'on peut négliger. Référez-vous aux figures fondamentales que sont le cercle, le rectangle, le triangle et l'ovale.
Naturellement, d'autres formes s'ajouteront accessoirement, mais les figures fondamentales serviront d'appui.
Essayez donc de transposer des photos à la composition assez simple en noir et blanc.

Votre composition peut parfaitement s'éloigner de la réalité ; prenez la nature comme un stimulant et non pas comme un modèle auquel on se soumet. Si un enclos ou en poteau vous gêne, oubliez-le. Si un arbre vous paraît trop petit, agrandissez-le, tout simplement !
Sur ce croquis, plusieurs découpages sont possibles. J'ai décidé de centrer ma composition sur l'église et de renoncer à une grande partie du vignoble. La maison au premier plan me gênait, c'est la raison pour laquelle je l'ai écartée. Que feriez-vous de cette photo ?

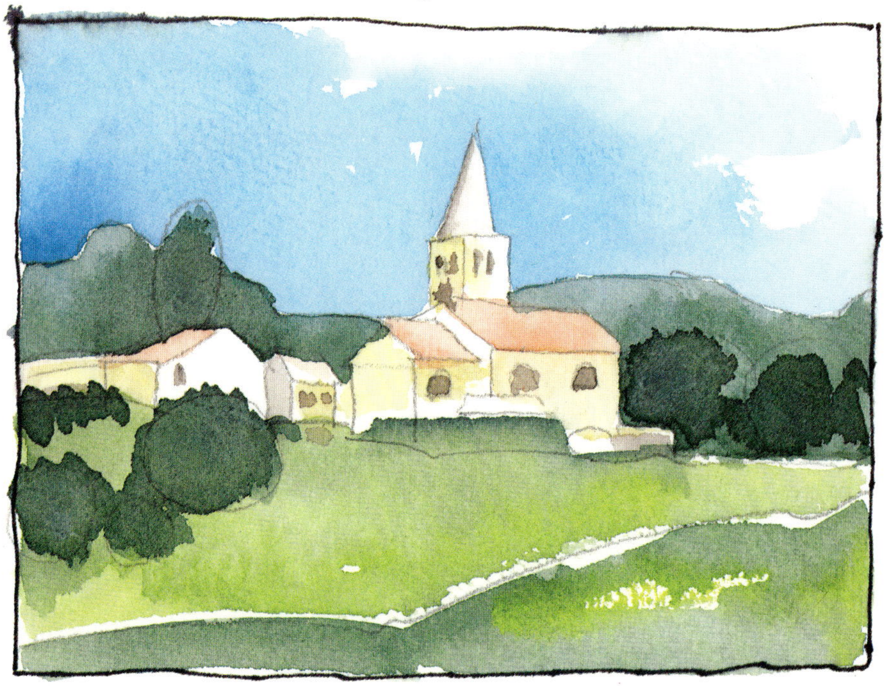

Espaces positifs et négatifs

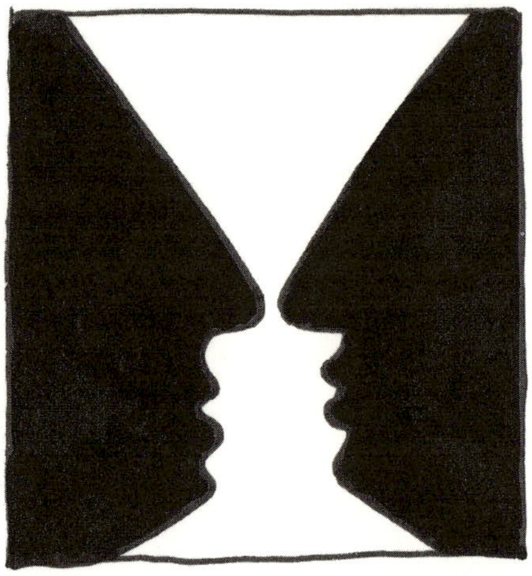

Ce qui compte dans la composition, ce n'est pas seulement le choix des motifs ; c'est aussi la répartition des surfaces. Les espaces négatifs qui apparaissent entre chaque objet jouent un rôle aussi important que les espaces positifs. Observez le dessin à votre gauche : s'agit-il de deux profils ou d'un vase ? Selon l'orientation de votre regard, le motif se transforme. Ici, les espaces positifs et négatifs ont la même valeur.

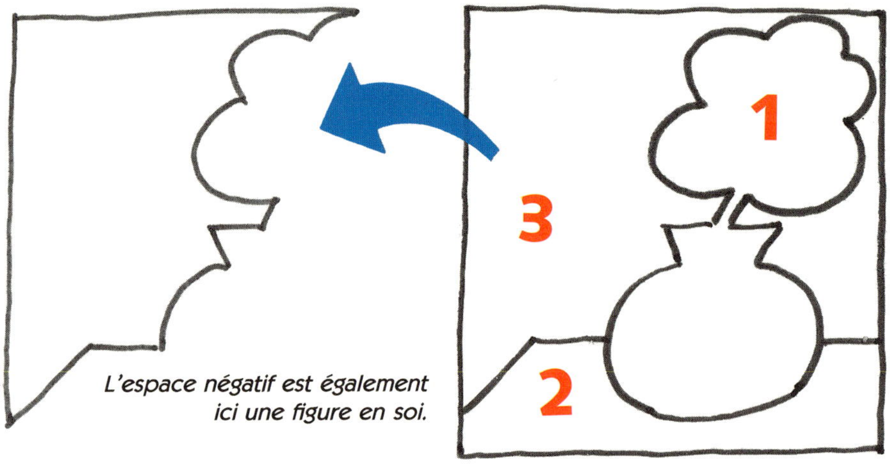

L'espace négatif est également ici une figure en soi.

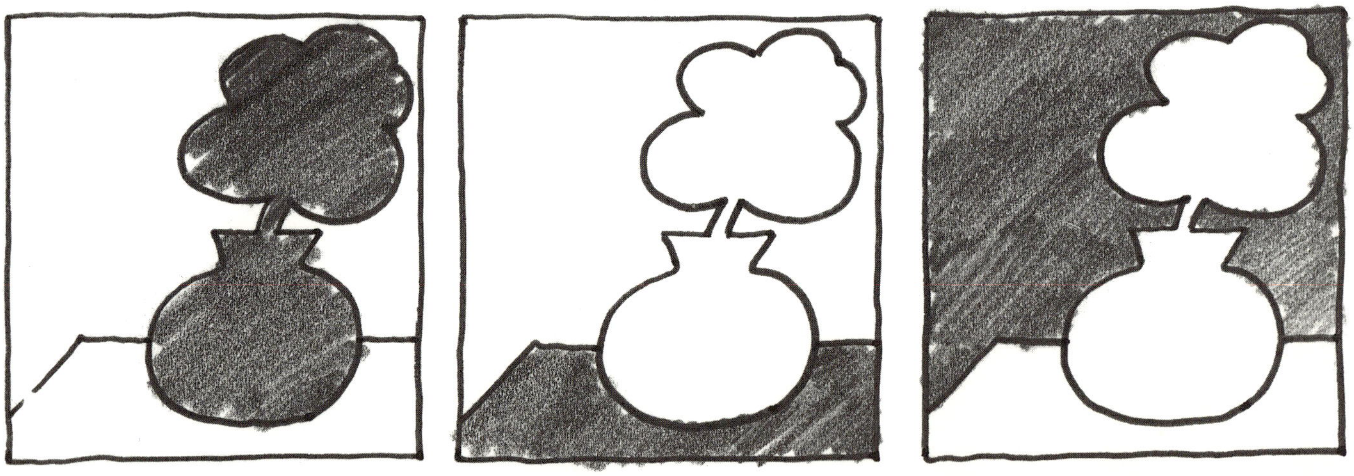

Cela vaut, quoique de manière moins apparente, pour toutes les compositions. Les espaces n'existent pas uniquement entre les divers objets, mais aussi entre le motif et les bords de la feuille. Prenons maintenant un exemple simple, des fleurs dans un vase sur une table.
Si aucune des surfaces n'est colorée, vous ne verrez par habitude qu'un vase sur une table, donc deux objets (au centre ci-dessus). Si vous regardez plus attentivement, vous allez découvrir trois éléments : le vase avec les fleurs, la table et le mur du fond. Ces trois éléments sont parfaitement équivalents. C'est au peintre de décider sur quel élément il va mettre l'accent.
Dans le premier exemple, c'est le vase qui l'emporte, dans le deuxième, la table, dans le troisième, le fond. Cela peut vous sembler un peu abstrait, mais le peintre est libre de s'intéresser au papier peint du mur au détriment du vase.

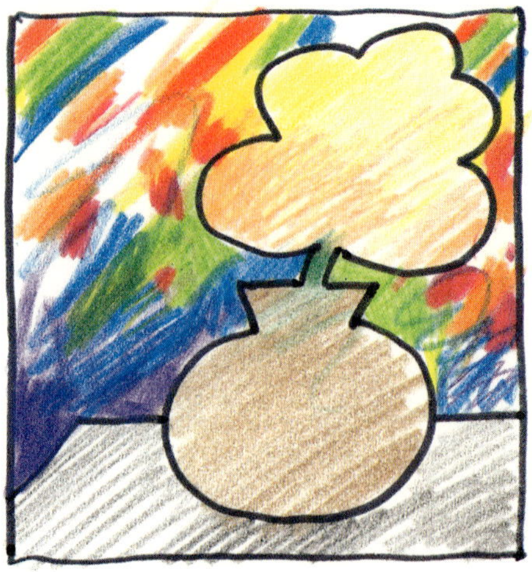

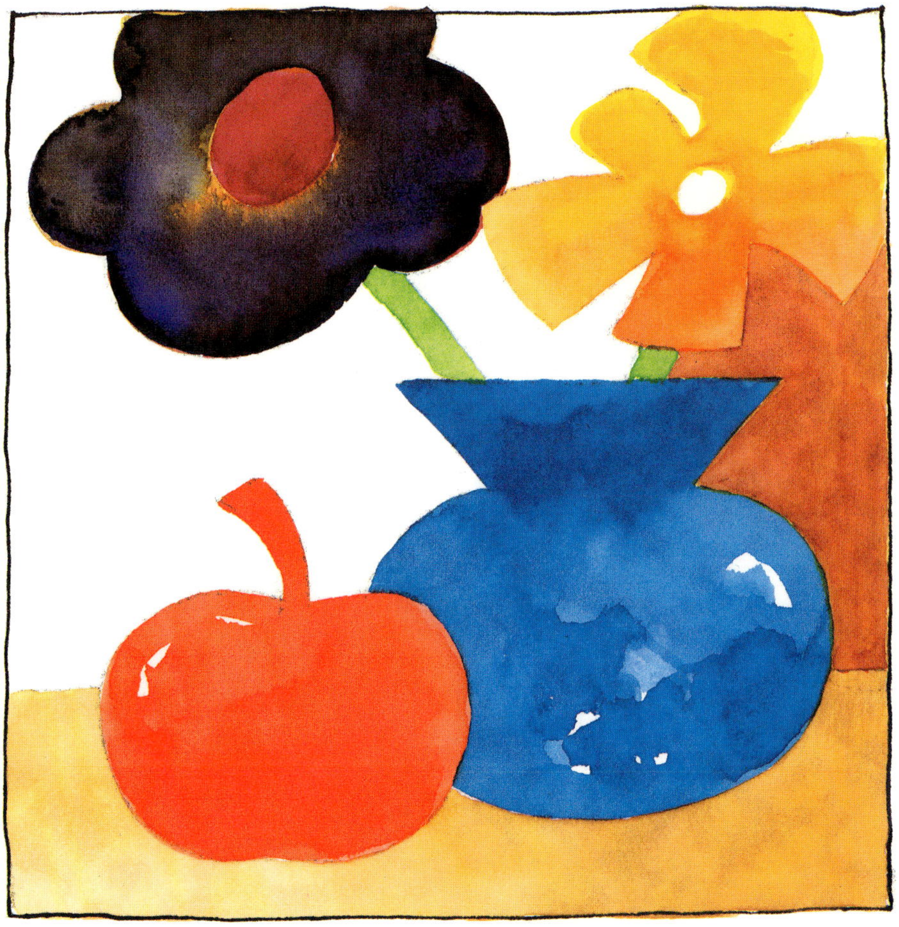

Vous voyez ici une composition qui a engendré deux tableaux différents. J'ai choisi cet exemple simple pour vous montrer les multiples possibilités qui vous sont offertes pour intégrer certains ensembles. L'expression des couleurs, chaleur, froideur, gaieté ou aspect sombre, etc., ne joue donc ici aucun rôle.
Pour faciliter cette façon de voir assez inhabituelle, j'ai souligné dans le dessin ci-dessous les ensembles négatifs.

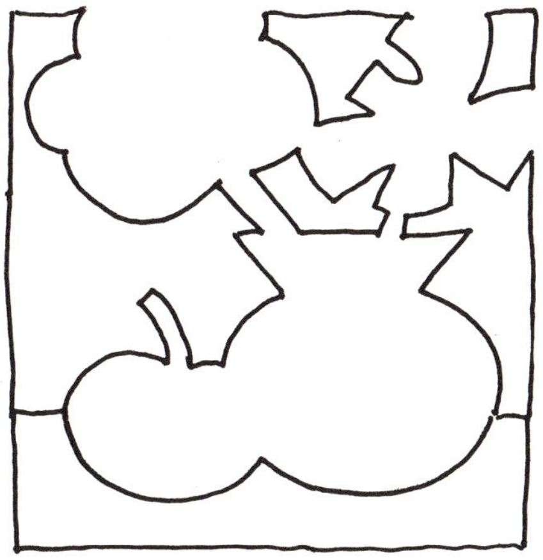

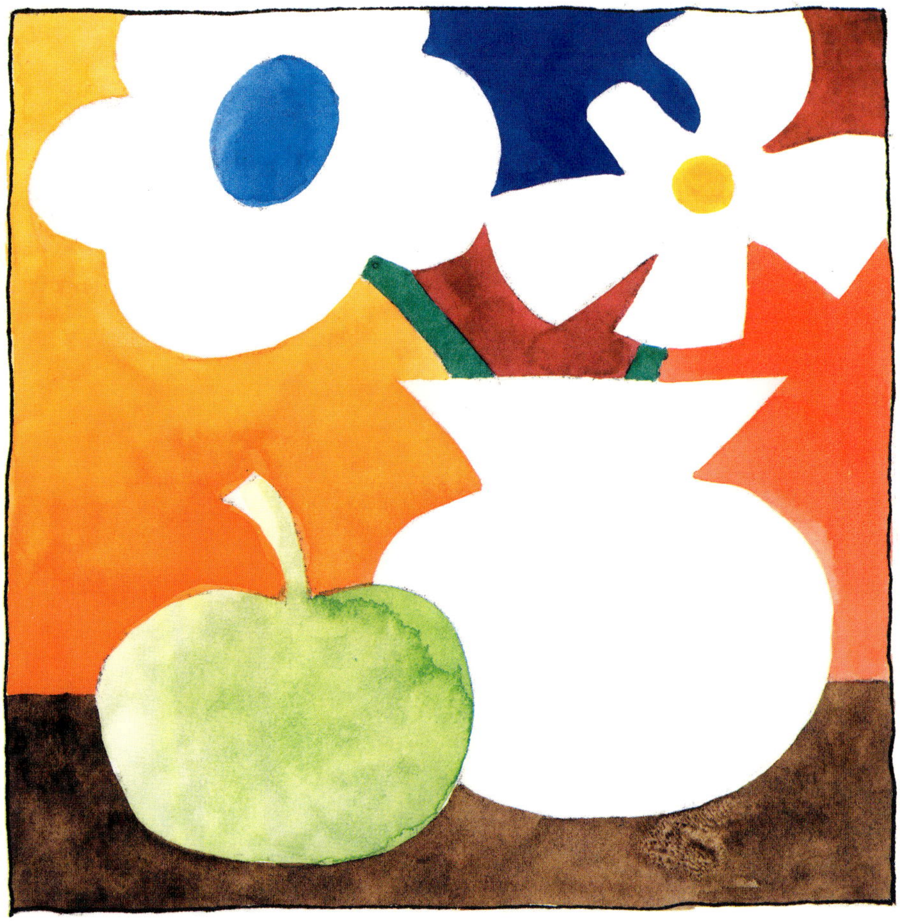

Dans le tableau du haut, la pomme et le vase de fleurs apparaissent nettement au premier plan. De l'arrière-plan, je n'ai intégré que le petit ensemble à droite.
Au-dessous, en revanche, les fleurs ne servent qu'à donner forme aux ensembles de l'arrière-plan. Elles ressemblent presque à des trouées dans la composition.
Les ensembles positifs et négatifs jouent un rôle permanent, même si c'est en général moins apparent que dans notre exemple, et vous devez donc absolument en tenir compte lorsque vous composez votre tableau.
Concevez vous-même des esquisses au cours desquelles vous porterez votre attention moins sur le motif que sur les surfaces qui naissent entre les objets. Il est également intéressant de considérer de ce point de vue des tableaux connus. Vous serez étonnés de voir quel rôle jouent les ensembles négatifs sans que l'on en ait généralement conscience.

Profondeur de champ

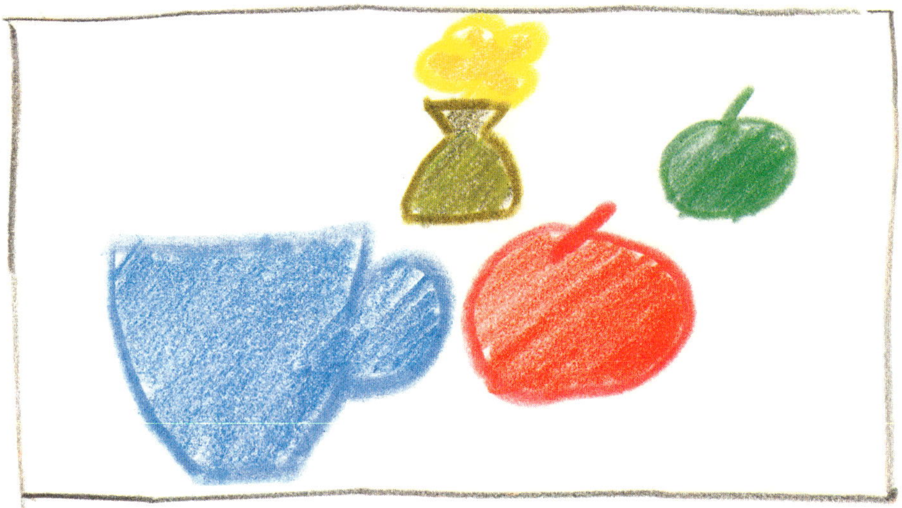

Après avoir habilement réparti les ensembles sur la surface, il nous faut maintenant, puisque nous traitons de peinture figurative, donner une profondeur à l'image. Cela n'a pas forcément un rapport étroit avec la perspective, mais c'est une question de distribution de l'espace. Ainsi, des objets de grandes dimensions donnent l'impression d'être plus proches que les petits. Cette impression se trouve renforcée lorsque différentes formes se chevauchent. Prenons tout de suite un exemple.
Vous voyez ci-dessus quatre objets qui sont justaposés sans aucune expression particulière : deux pommes, un vase avec des fleurs et une tasse. Tous pratiquement de même taille, ils ont une apparence assez anodine.
En modifiant leurs dimensions respectives, vous transformez déjà l'expression générale. La grande tasse paraît proche, tandis que le vase, qui est en réalité plus grand, s'éloigne. Mais l'ensemble manque encore d'intérêt, les objets sont trop régulièrement espacés.
Les chevauchements donnent l'impression que la pomme est maintenant au premier plan, tandis que le bol semble avoir été repoussé à l'arrière-plan (grande image).
La composition prend ainsi de la profondeur et acquiert aussi une expression différente : la pomme rouge prédomine, la tasse disparaît presque.

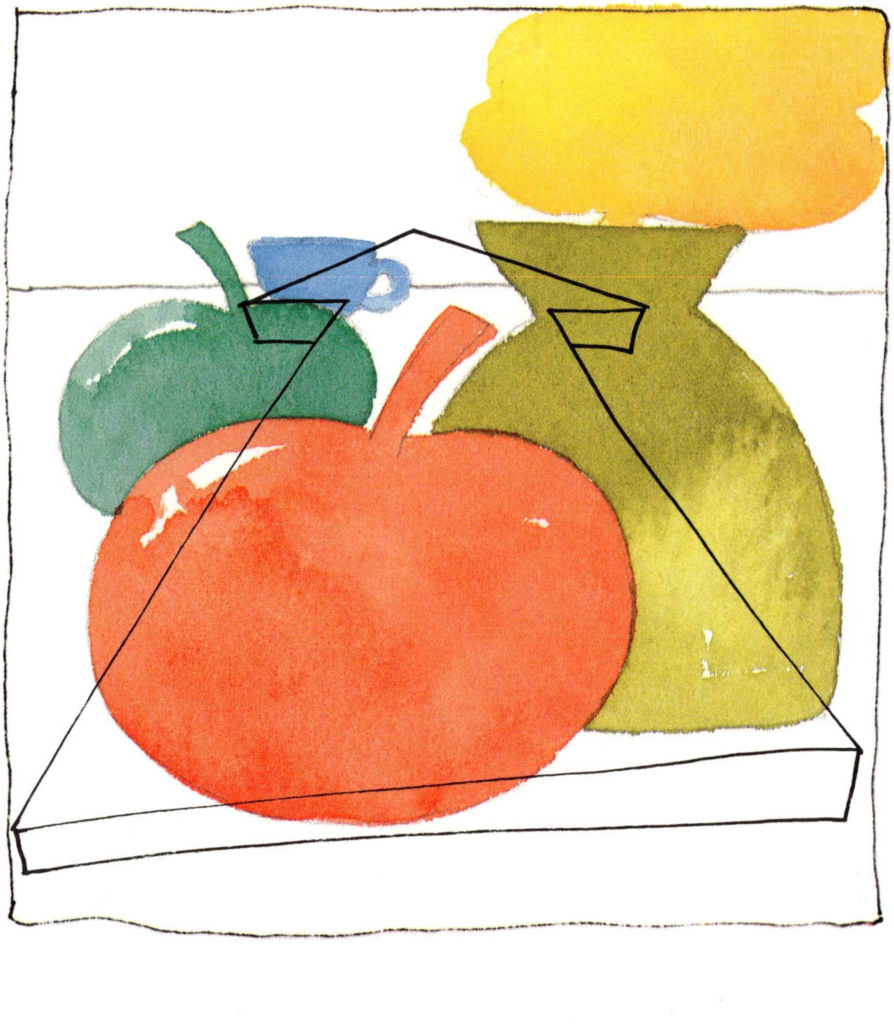

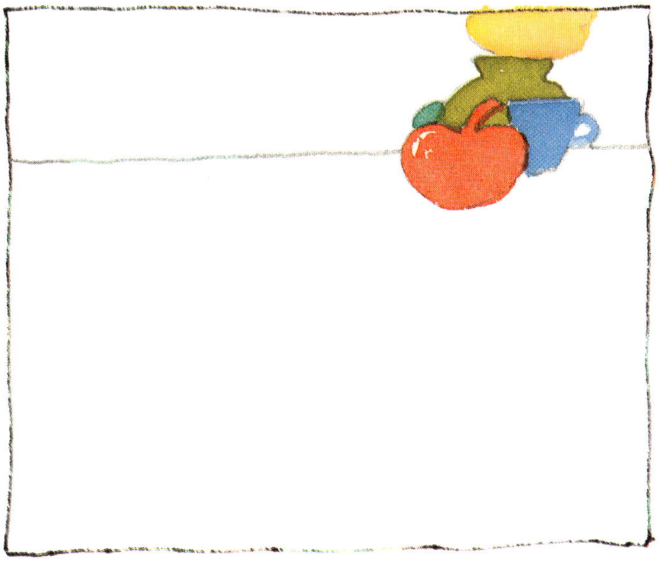

DISTANCE. La disposition des ensembles est un facteur important. Au premier plan, rien ne gêne l'œil du spectateur ; le regard peut se concentrer sur les objets reculés.

PROXIMITÉ. Ici, c'est tout le contraire. L'œil doit contourner le vase pour voir les autres objets. Le vase est très proche, les autres objets paraissent lointains.

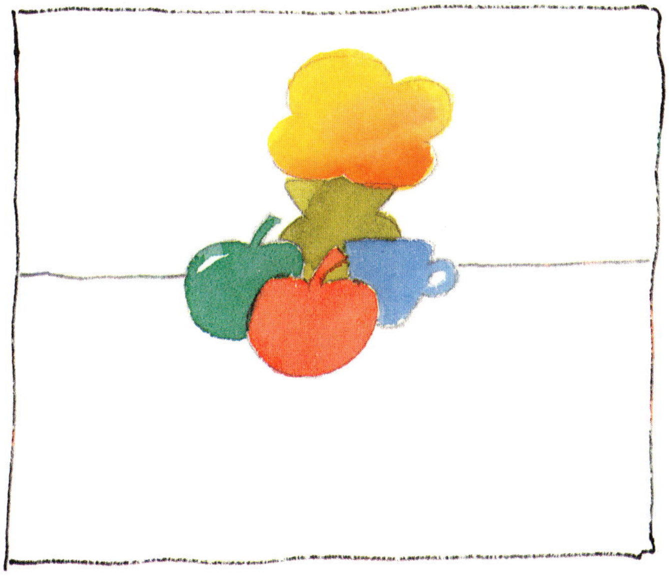

CALME. De la composition dépend l'impression de calme ou de tension que dégagera un tableau. Ici, les éléments sont tous de même grandeur et centrés. Le tableau apparaît calme et équilibré.

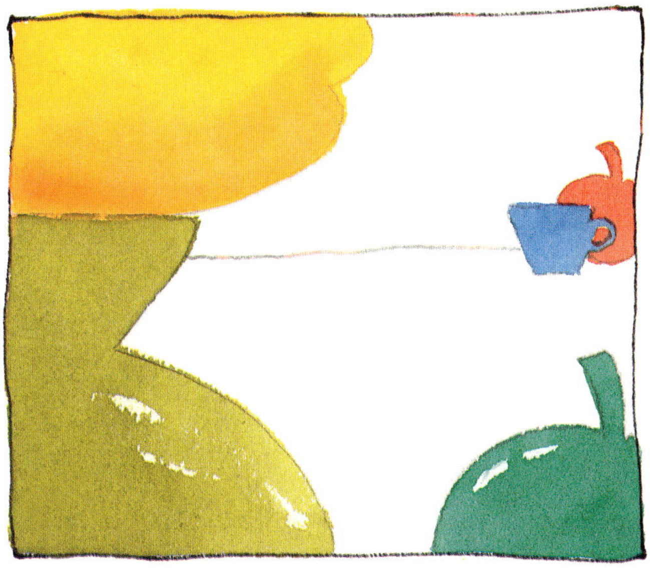

TENSION. Ici, au contraire, le centre est vide, ce qui produit une impression d'étrangeté. Les objets sont repoussés vers les côtés et coupés. L'espace vide qui sépare les objets crée une certaine tension.

À partir de ces trois figures, esquissez quelques modifications de grandeur et d'espacement.

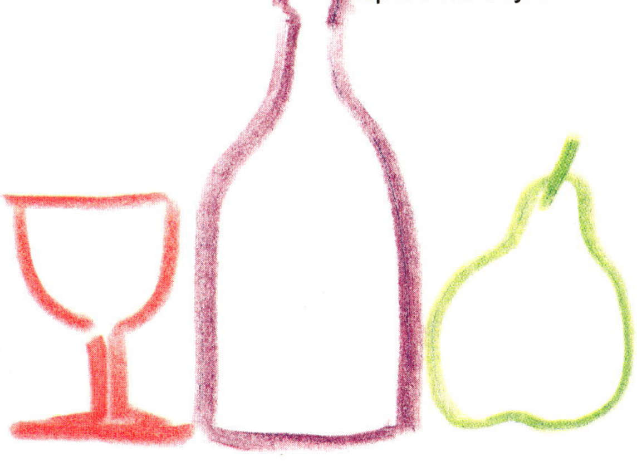

Vous serez étonnés de voir combien de tableaux différents peuvent naître d'une base aussi simple.

Ombres et lumières

Ombres et lumières ont une grande importance lorsque l'on dessine ou que l'on peint d'après nature. Vous venez de voir comment simplifier un motif, le transposer, le disposer dans l'espace et lui donner une profondeur. Malgré tout, votre tableau peut encore paraître plat, les objets sembler non terrestres mais aériens. Pour l'éviter, il faut observer avec précision l'ombre d'un objet.

Prenons une de nos figures fondamentales : le cercle. Si on le dessine d'un seul trait, il reste plat. Dès que des ombres et des lumières viennent s'y ajouter, il devient une boule. Grâce à elles, les objets gagnent en modelé. Nous distinguerons deux sortes d'ombres : les ombres propres et les ombres portées.
Les ombres propres indiquent la forme des objets, tandis que les ombres portées indiquent leurs positions par rapport à la source de lumière. On voit alors nettement si l'objet a une assise déterminée, s'il est simplement posé ou s'il flotte dans l'air.
Les ombres portées peuvent être très importantes pour l'expression générale d'un tableau.

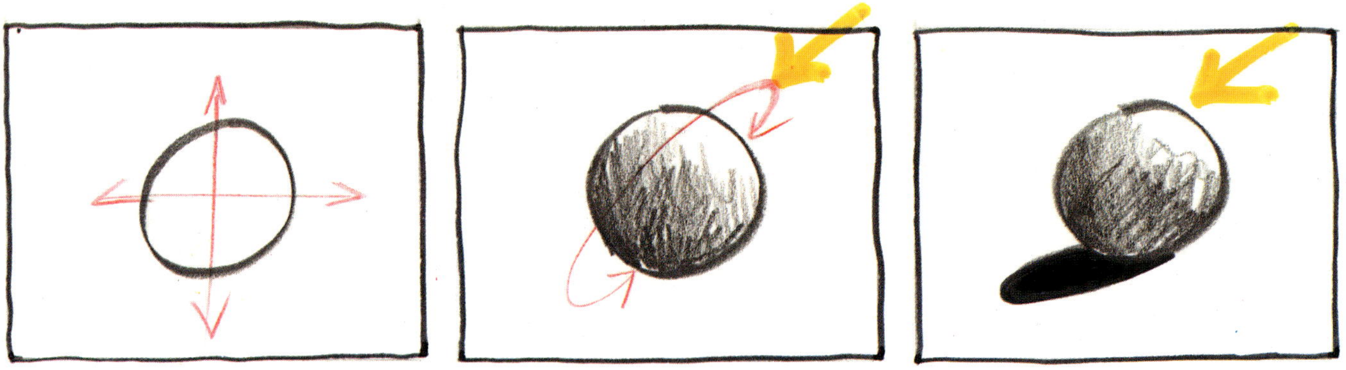

Arrêtons-nous encore un peu à l'exemple de notre boule. Vous voyez que les deux ombres ont des valeurs différentes. L'ombre propre est toujours plus claire que l'ombre portée, car la lumière en éclairant l'objet éclaircit par là même les zones d'ombre.
Si le soleil restait toujours à la même hauteur, il porterait sur les objets des ombres d'une longueur invariable. Comme ce n'est pas le cas, les ombres portées se modifient en forme et en longueur, tandis que les ombres propres restent toujours égales à elles-mêmes. Plus le soleil s'incline, plus les ombres portées s'allongent. C'est ce que vous voyez très nettement sur les trois exemples que voici :
Le premier indique une source de lumière venant du côté gauche et d'en haut. L'ombre est inclinée et n'est pas très longue.
Le deuxième indique une source de lumière venant directement du haut. L'ombre est donc assez réduite. Une telle ombre contribue, par exemple dans une nature morte, à ce que les objets acquièrent une assise déterminée sur un plan.
Le troisième indique une source de lumière venant du côté droit. En raison de son inclinaison basse, l'ombre s'allonge.

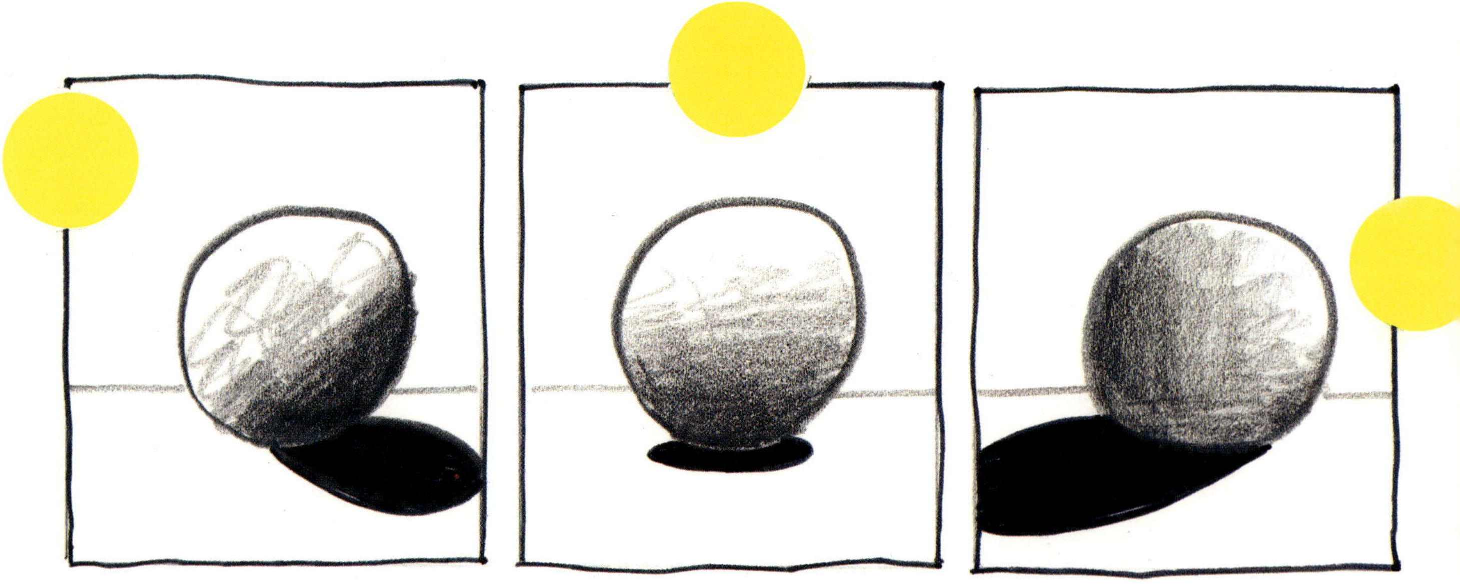

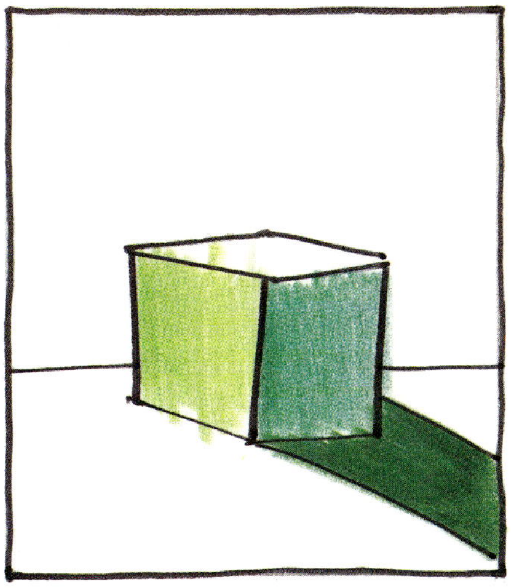

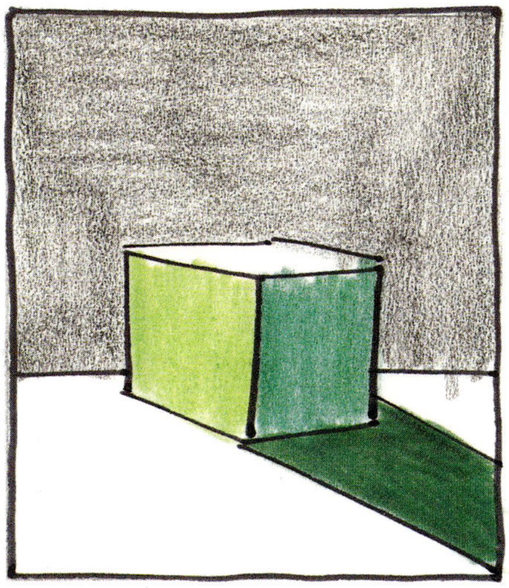

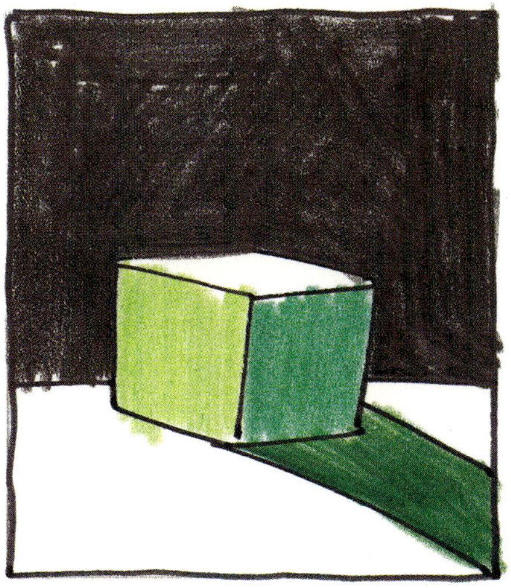

Il faut cependant, en règle générale, porter son attention non seulement sur un objet et la source de lumière correspondante, mais aussi sur la luminosité et la couleur qui sont définies par le milieu ambiant. Considérez maintenant les trois cubes que voici. Les ombres ont-elles dans les trois représentations toujours les mêmes valeurs, ou bien l'une des ombres est-elle plus claire ou plus sombre que les autres ?

Si le fond est très clair, l'ombre paraît d'autant plus sombre.
Plus le fond est obscur, plus l'ombre sera claire. Il n'y a qu'une chose qui ne varie pas : l'ombre portée est plus sombre que l'ombre propre.

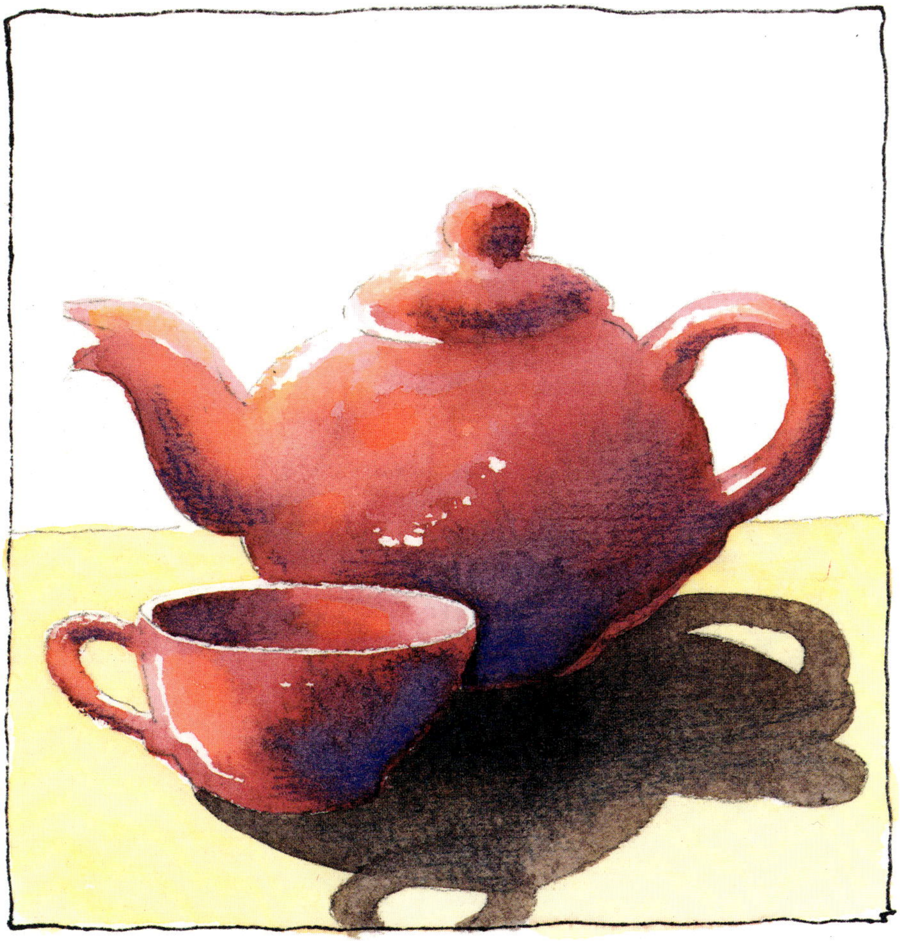

Disposez maintenant quelques objets devant une source de lumière et observez les ombres. Il serait préférable que vous fassiez des esquisses simples au crayon afin d'en marquer les valeurs. Les formes vous apparaîtront ainsi plus nettement.
On me réclame toujours une recette pour la représentation en couleurs des ombres. Malheureusement, il n'y en a pas, car les ombres reflètent aussi les couleurs et dépendent des multiples sources de lumière. Ce que l'on peut dire avec certitude, c'est qu'une ombre n'est presque jamais purement noire ou grise.

Voici un exemple parlant :
Une cafetière et une tasse reçoivent une lumière qui vient d'en haut à gauche.
Pour modeler cette forme qui paraît simple, les ombres ont une grande importance. J'ai choisi, pour l'ombre propre, du mauve afin d'atténuer un peu le rouge de la cafetière. L'ombre portée est adaptée à la couleur de la table.

Révision d'ensemble

Pour passer en revue les connaissances que vous venez d'acquérir, repérez différents éléments de composition sur des tableaux achevés. Essayez d'abord de déterminer :
— quelles figures fondamentales vous reconnaissez ;
— comment naît la sensation de profondeur ;
— si le tableau dégage une certaine tension ou s'il s'agit d'une composition équilibrée ;
— quels sont les rapports entre les ensembles positifs et négatifs.

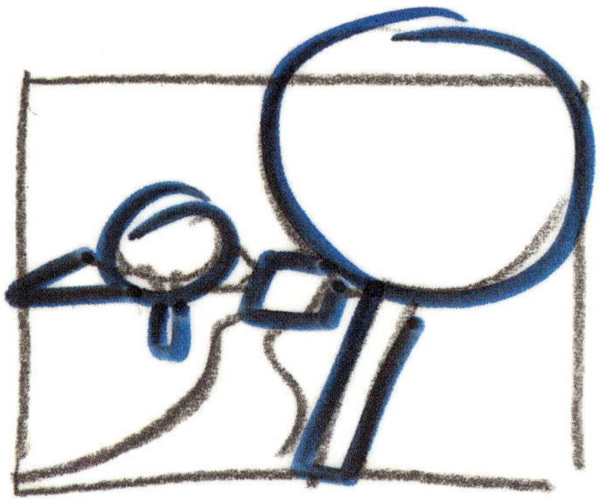

Les figures fondamentales sont fort simples : des cercles pour les arbres, un rectangle pour la maison, un triangle pour les montagnes.

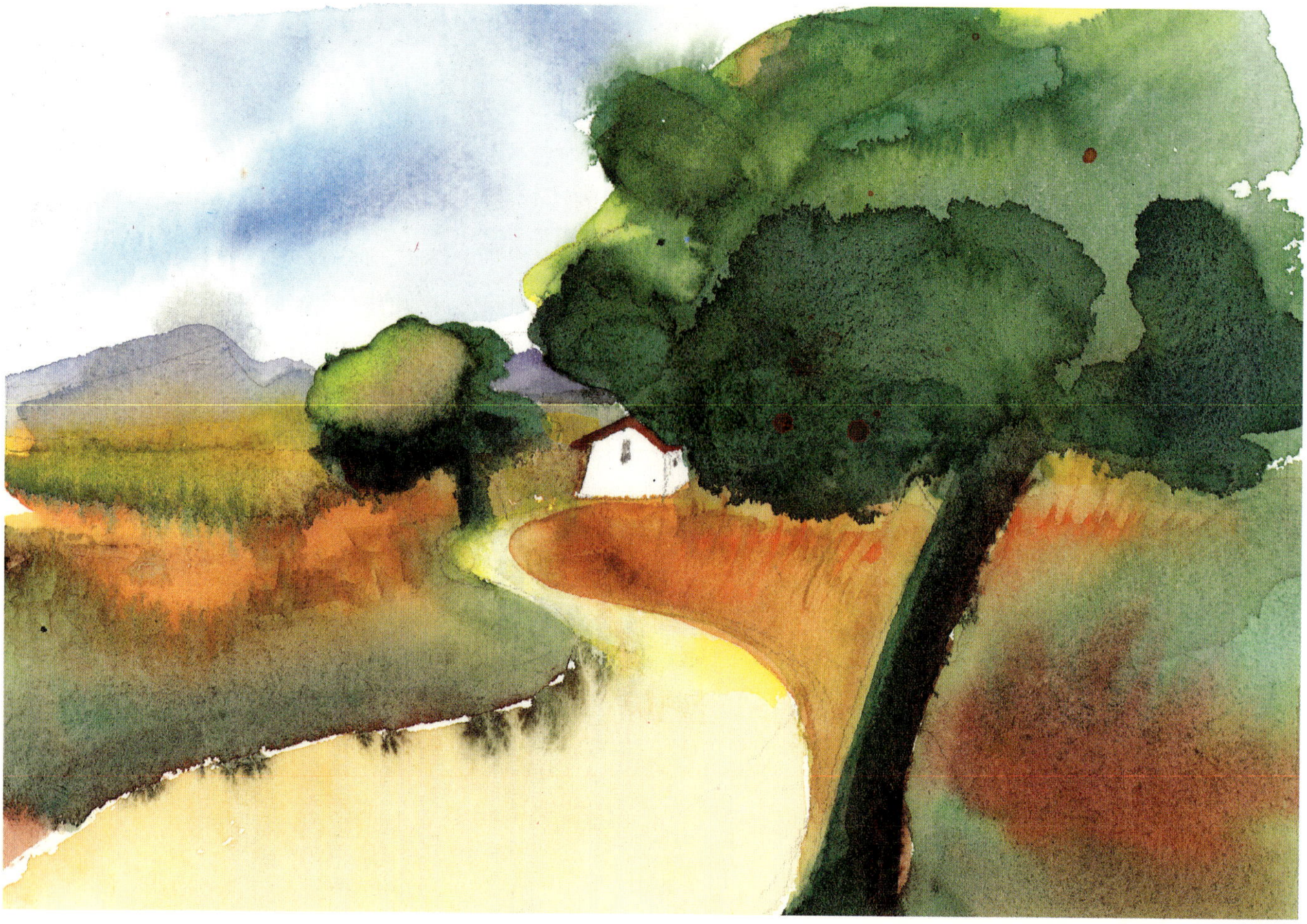

Les différences de grandeur donnent la sensation de profondeur. Les montagnes claires sont éloignées de la maison et encore plus éloignées de l'arbre foncé.

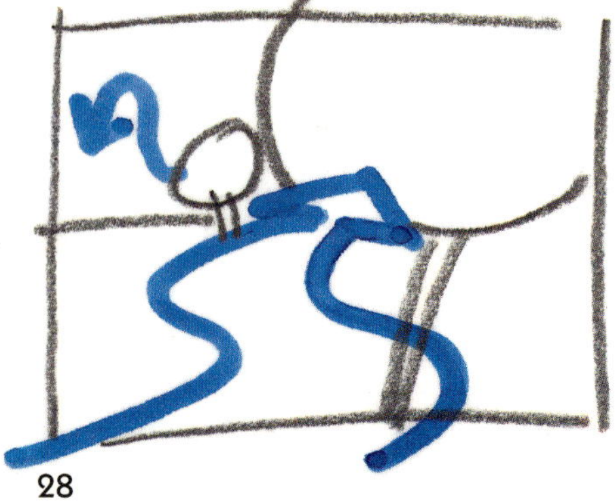

Les arbres orientent le regard vers l'extérieur, mais le chemin le ramène vers la maison. C'est ce qui rend la composition intéressante.

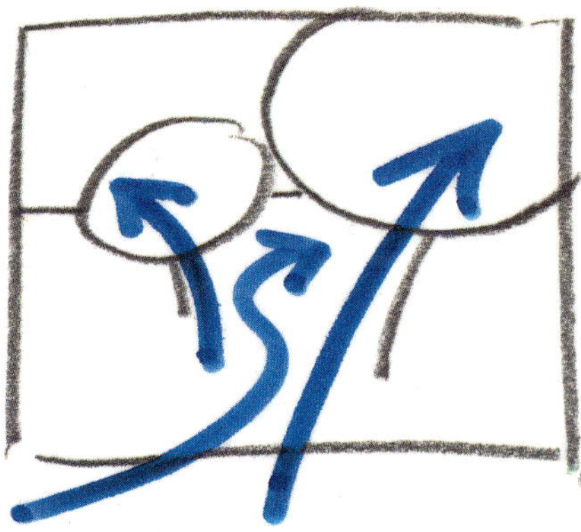

Si vous clignez des yeux, vous verrez des ensembles clairs-obscurs indépendamment du motif. Les ensembles négatifs sont aussi importants que les ensembles positifs.

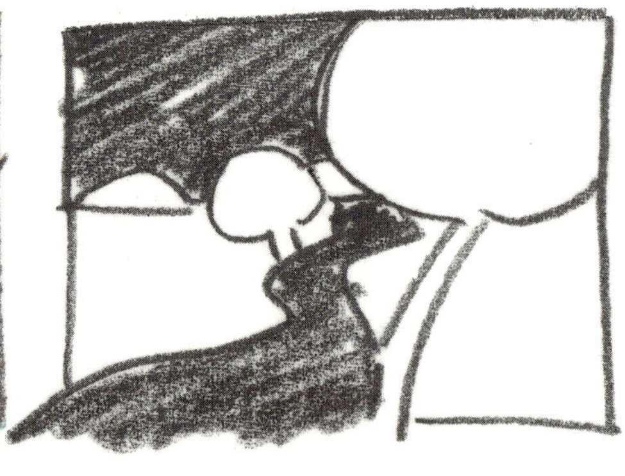

Ombre et lumière jouent un rôle important dans ce tableau. Les silhouettes des fleurs et du vase sont définies par leurs ombres.
Vous reconnaîtrez nettement le jeu entre ensembles positifs et négatifs. Une partie du fond est intégrée de façon arbitraire et complète ainsi les ombres au premier plan.

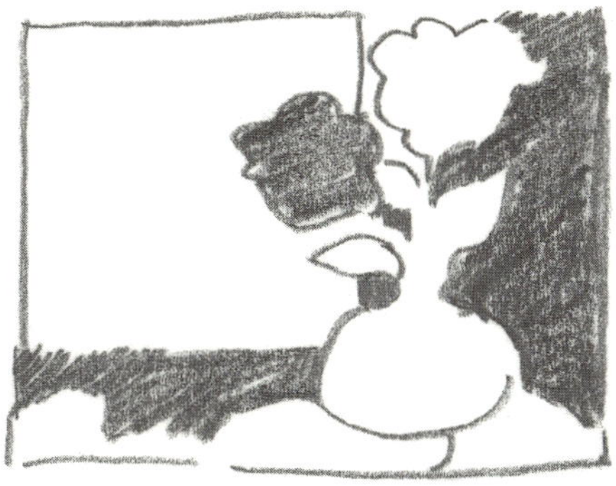

Sur le dessin, vous voyez une variante. Le jeu des formes entre les objets permet toutes les constructions possibles.

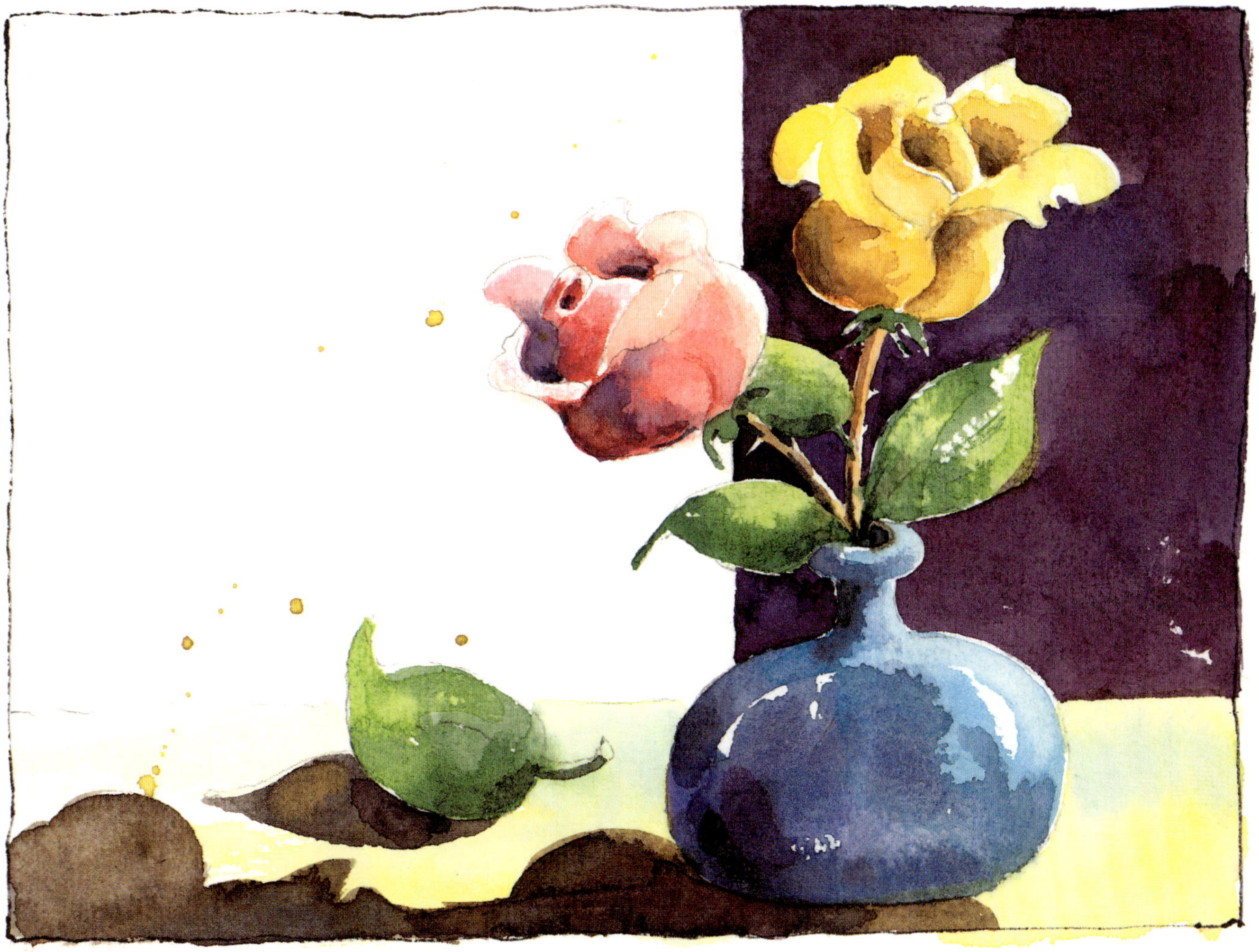

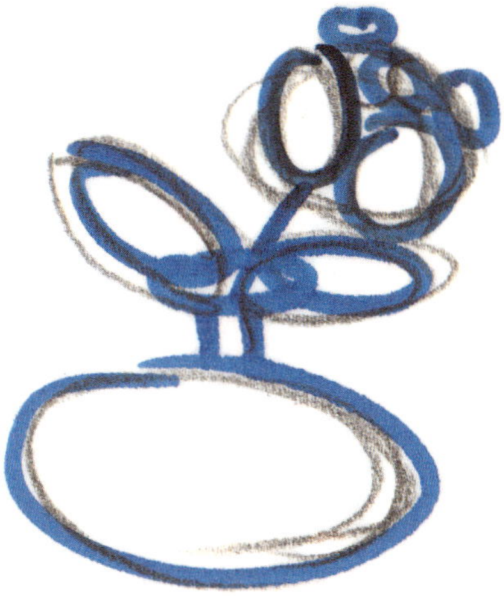

Ici aussi, un début simple : les fleurs ainsi que le vase sont ramenés à des figures fondamentales. L'ovale et le cercle prédominent.

La forme arrondie du vase est créée par son ombre propre, qui retient un peu du mauve appartenant au fond. Vous voyez que l'ombre n'est jamais grise et qu'elle varie suivant les couleurs du motif.
L'ombre portée donne aux objets leur assise.

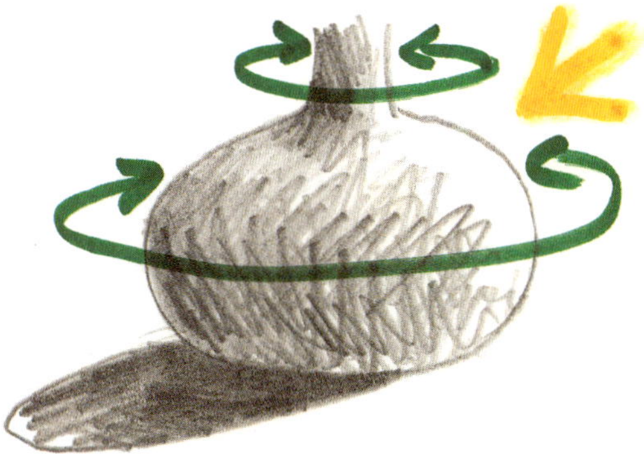

Esquisses

Vous éprouverez souvent le désir de peindre sans savoir trop quel modèle choisir. Vous reviendrez alors avec gratitude à votre carnet d'esquisses, où seront représentés toute sorte de thèmes, des gens qui lisent dans un café, une maison particulièrement belle, une atmosphère orageuse. La liste pourrait se prolonger indéfiniment. Qu'est-ce qu'une esquisse ? Ce n'est finalement qu'un moyen de noter sous une forme abrégée quelque chose que l'on ne veut pas oublier. Il peut s'agir d'une idée, d'un motif qui vous frappe dans le moment, ou d'une situation que vous désirez fixer visuellement. L'esquisse peut aussi servir de préparatif au tableau : on y essaie alors diverses compositions et couleurs. (Voir la page 32.)

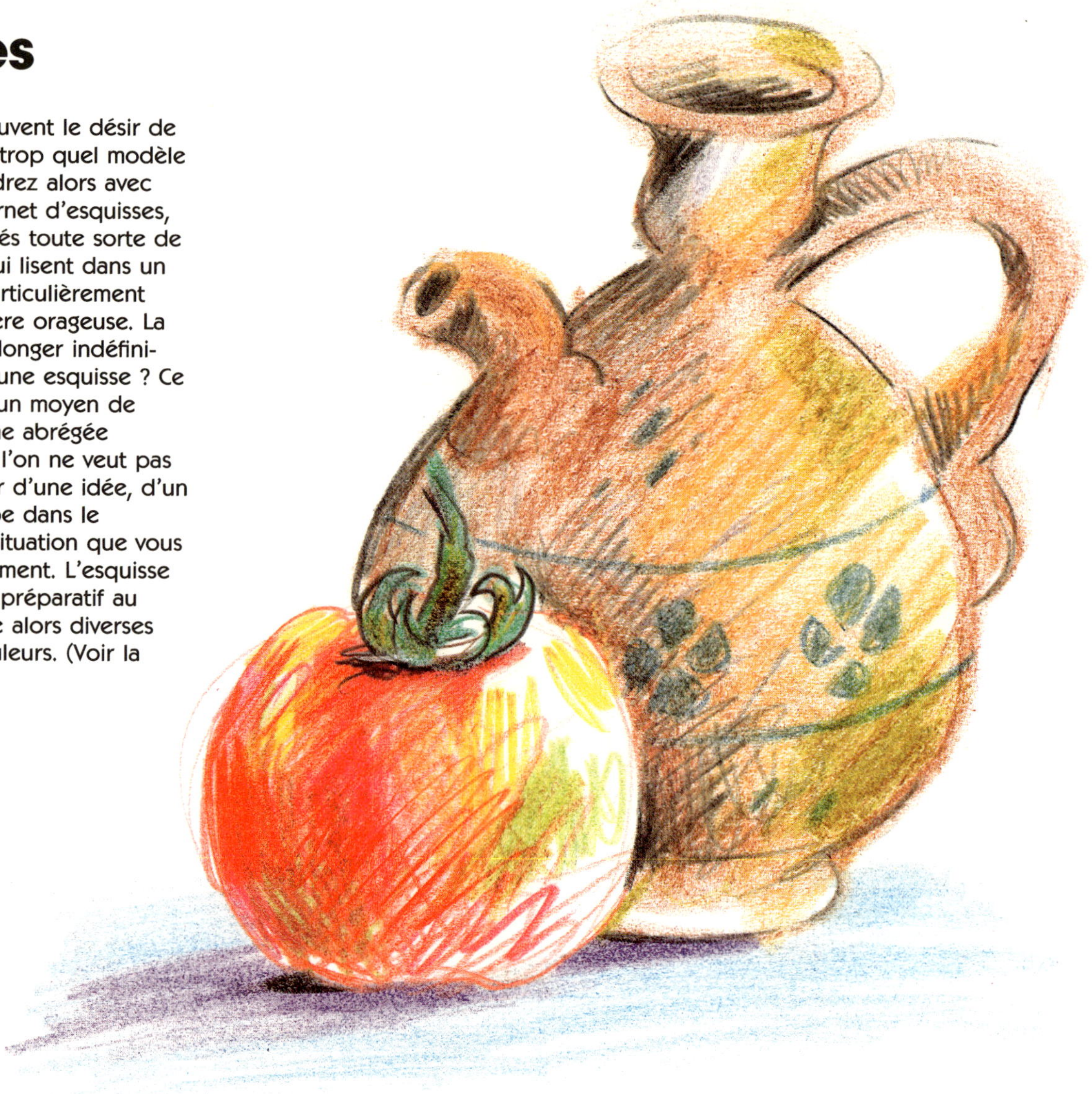

Une esquisse n'a pas besoin d'être précise ni particulièrement élaborée. Elle doit servir simplement d'aide-mémoire. Pour autant, elle ne reste pas purement accessoire. C'est peut-être précisément dans la spontanéité et dans l'inachevé que réside son charme. Prenez donc l'habitude d'emporter un carnet d'esquisses : vous finirez ainsi par obtenir une riche collection de sujets pour de futurs tableaux. Vous n'avez pas besoin de grand-chose, et le papier que vous utilisez n'a guère d'importance. Les blocs sont pratiques s'ils sont protégés par une feuille cartonnée. Les carnets sont également parfaits ainsi que, bien sûr, les cahiers ou les livres vierges reliés, qui vous fournissent en plus un appui pour dessiner.

Le choix des crayons vous incombe. Vous ferez d'aussi bonnes esquisses au crayon qu'au feutre ou au stylo à bille. Des crayons de couleur sont valables aussi, ou des craies — lesquelles sont, cependant, fragiles car elles se brisent facilement et se salissent vite au contact les unes des autres.

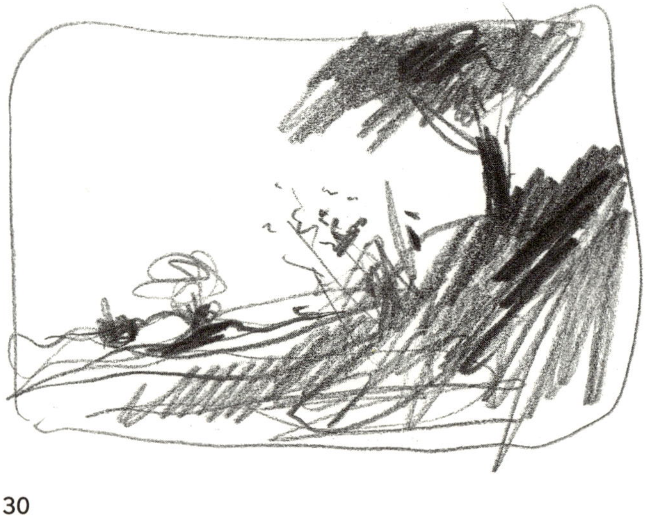

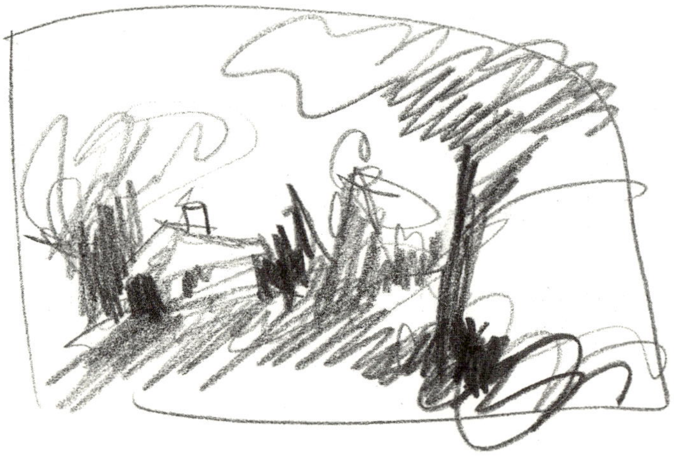

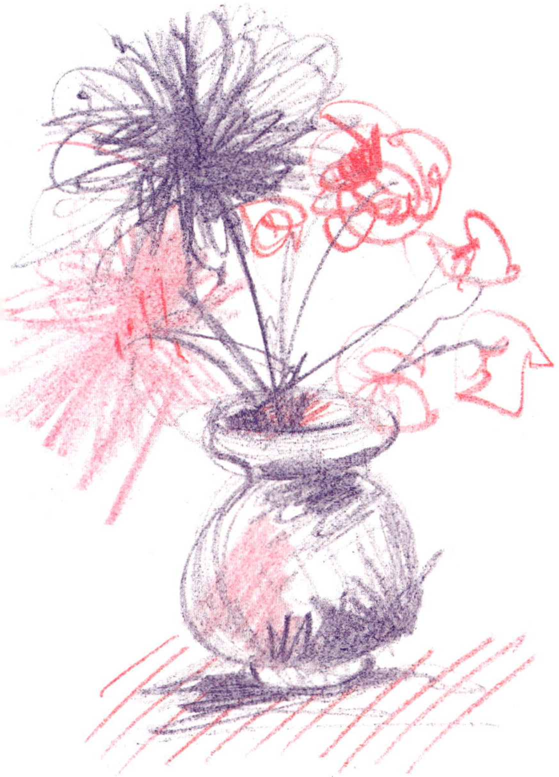

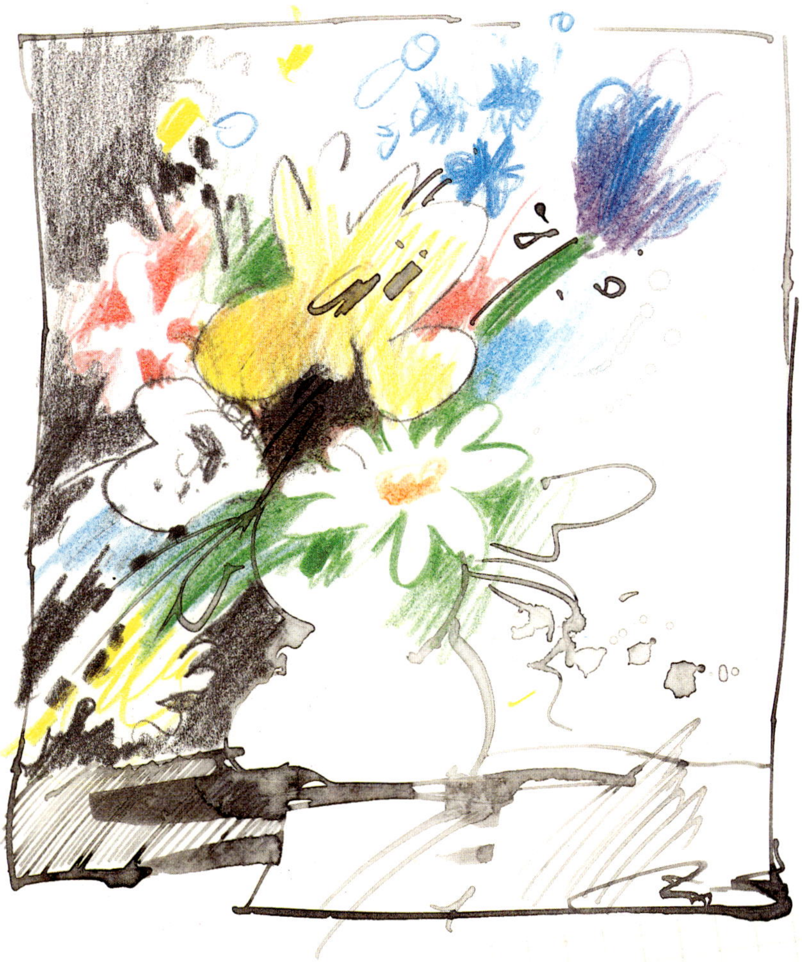

Voici quelques exemples.
Page ci-contre, une esquisse au crayon de couleur que j'ai faite parce que le pot un peu tordu me plaisait. Au-dessous, deux brèves esquisses au crayon pour fixer la composition et les valeurs tonales.

Ce bouquet de fleurs, ci-dessus à droite, était destiné à devenir une aquarelle. J'ai utilisé une plume, de l'encre diluée et des crayons de couleur.

Je voulais fixer rapidement le souvenir du bouquet, au-dessus à gauche, mais je n'avais que deux crayons, rouge et bleu, à ma disposition. J'aurais pu aussi bien me servir d'un stylo à bille.

Vous voyez, ci-contre, que l'on peut même faire des esquisses sur du papier à petits carreaux. J'ai utilisé ici des pastels à l'huile parce qu'ils permettent de peindre des ensembles de couleur. Les hachures ont été faites avec des crayons aux coloris tendres.

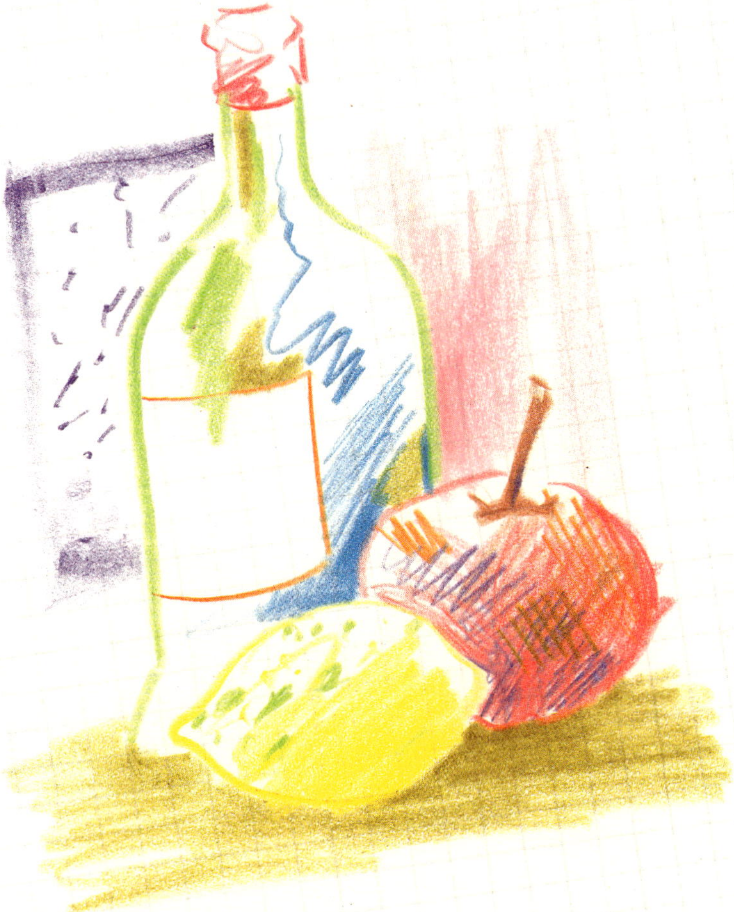

Peindre un paysage simple

avec Ursula Bagnall

Commençons vite par quelques esquisses. Même si vous devez peindre en plein air, les esquisses préliminaires vous seront d'un grand secours. Vous prendrez conscience de ce qui doit être mis en valeur et de ce qui doit être écarté, de la façon dont surfaces et formes se rapportent les unes aux autres, bref : vous découvrirez la composition qui mettra le mieux en valeur ce qui est important à vos yeux. Marquez également les couleurs et les valeurs de luminosité. Faites si possible des esquisses en couleur. Il ne s'agit pas de capter les vraies couleurs, mais de tester leur répartition. Prenons un motif simple : un arbre au premier plan, au loin une maison et des montagnes.

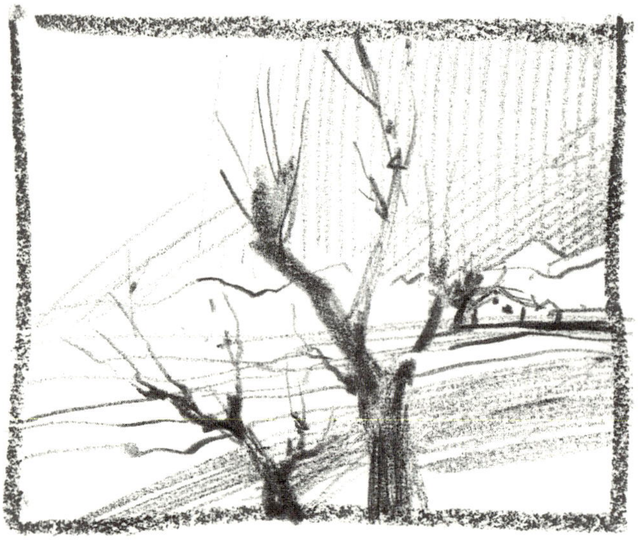

Premier essai au crayon
L'arbre est dégarni, mais prédominant. La maison et les montagnes font partie du fond. La composition et les valeurs de luminosité sont esquissées.

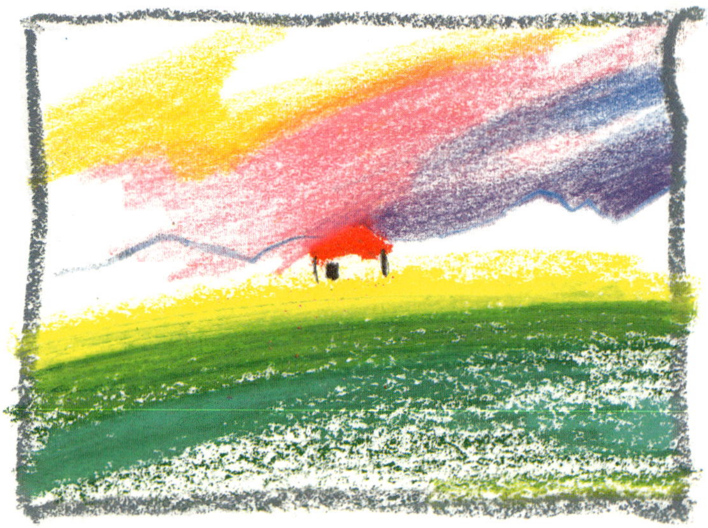

Autre essai, avec des craies de couleur
J'ai écarté l'arbre ; c'était l'atmosphère qui comptait à mes yeux.

Esquisse à l'aquarelle
Cette fois-ci, l'arbre apparaît avec du feuillage, dominant au premier plan. Le toit rouge, bien que de petite taille, attire le regard.

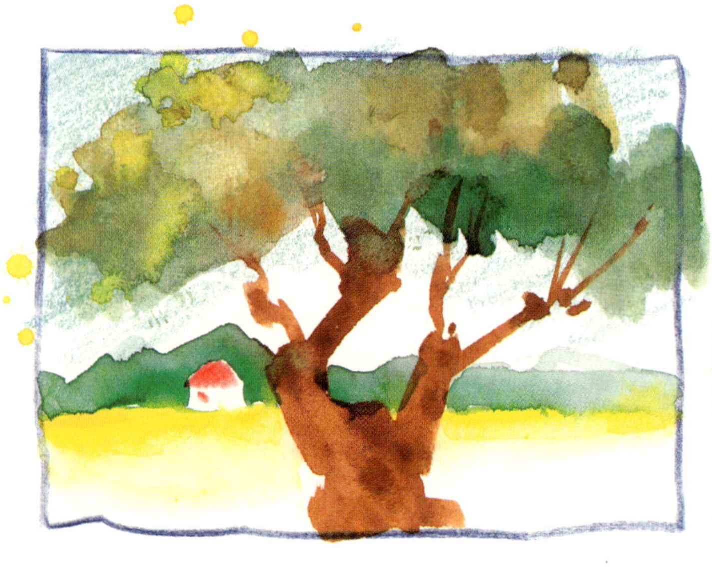

Autre tentative avec des crayons de couleur
L'arbre dégarni est mis en rapport avec un ciel tumultueux. Un aspect important du tableau est la petite maison. On peut très bien travailler l'arbre au pinceau par la suite.

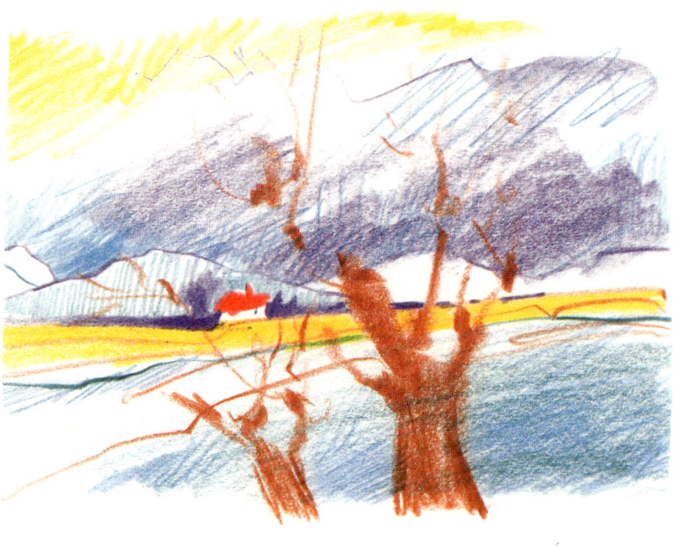

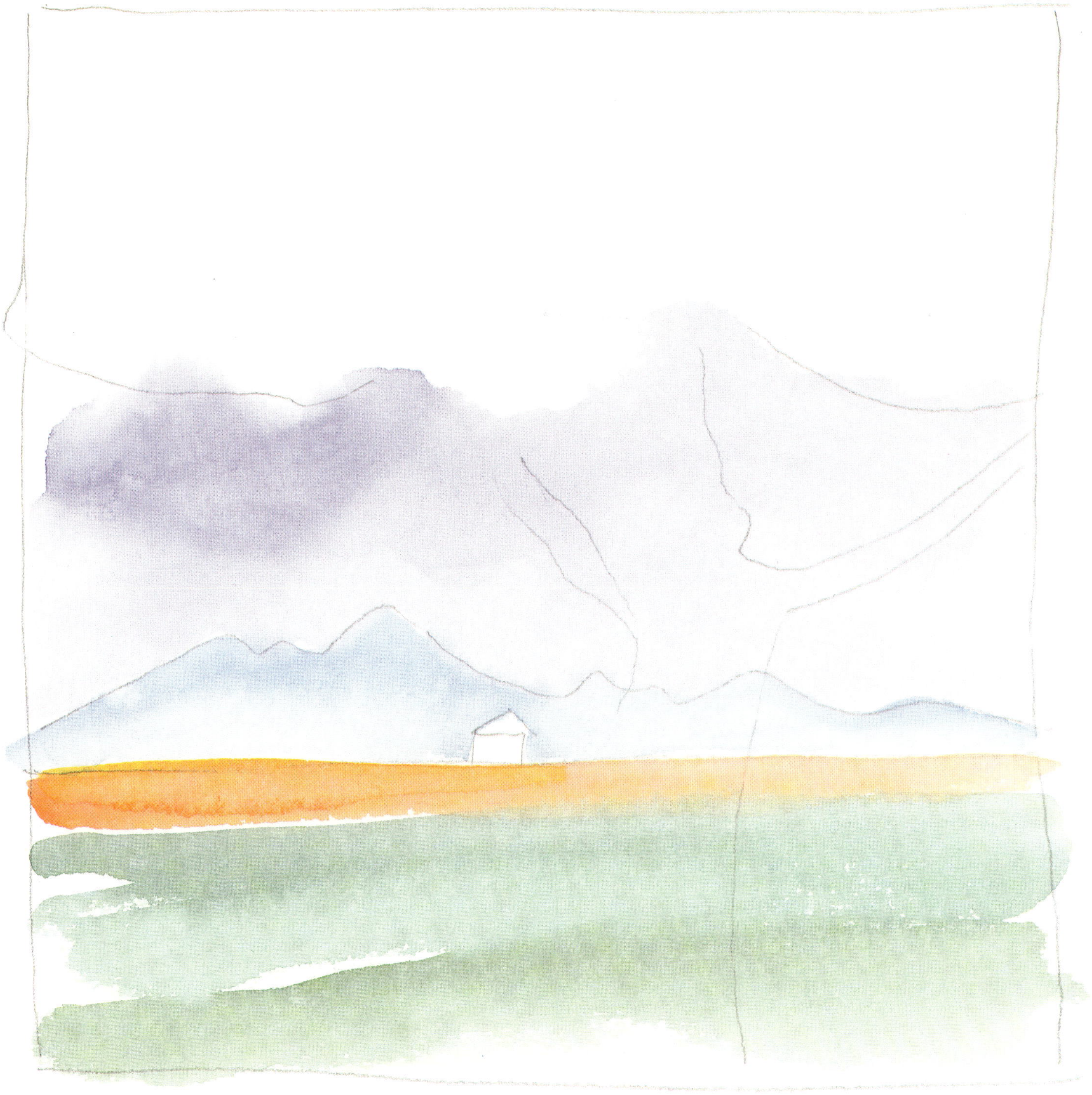

Je me suis décidée, à la troisième esquisse, pour l'arbre en fleur avec la petite maison. Ce qui m'intéresse, c'est le coloris du feuillage combiné avec les couleurs du paysage. Je me suis limitée aux couleurs de la palette élargie (p. 10). J'ai utilisé du papier à grain torchon 250 g, sans acide, et deux pinceaux en poil de martre arrondis : n° 6 et n° 10.
Je précise la composition à l'aide de quelques touches légères. Avec le pinceau n° 10, j'humidifie le papier au-dessus des montagnes et j'y applique, généreusement dilués, du mauve et du bleu outremer sur les montagnes. Je signale l'horizon avec de l'orange et définis le premier plan avec un vert de Hooker léger.
Ne commencez en aucun cas par des tons foncés peu dilués, mais travaillez lentement avec les tons clairs en allant progressivement vers les plus foncés, car certains endroits qui vous paraîtront trop foncés peuvent difficilement se corriger par la suite.

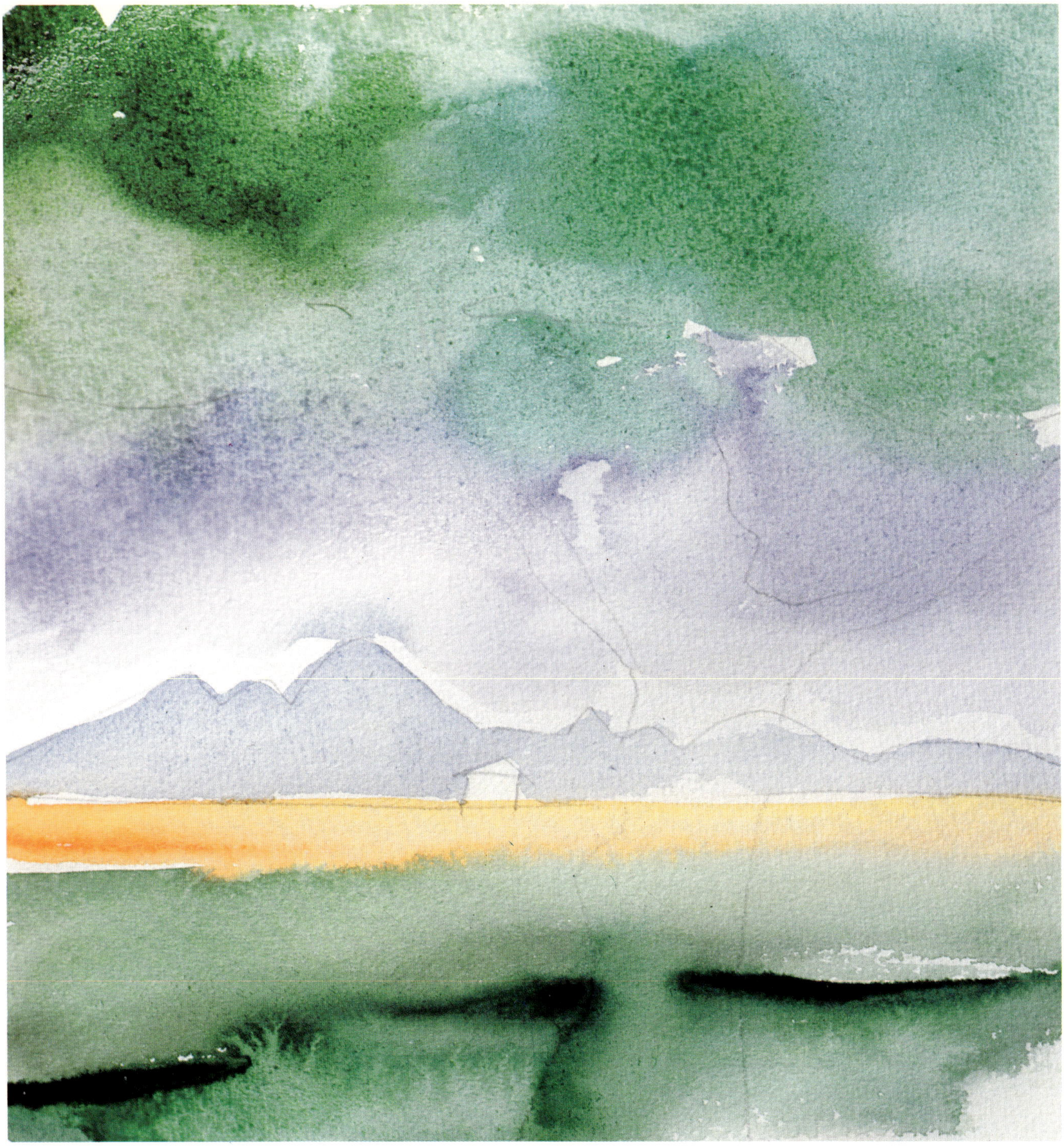

Maintenant, nous allons rendre les couleurs plus profondes. Au premier plan, je mets une touche de vert de Hooker et laisse la couleur se répartir vers le bas, tout en soulignant légèrement les endroits où le tronc d'arbre apparaîtra. J'applique également les verts du feuillage. Ce qui me séduit, c'est que celui-ci se transforme pratiquement en ciel. Dans ces conditions, je laisse telles quelles les structures nuageuses. Je renforce aussi les montagnes sans fixer définitivement leurs teintes. J'aime mélanger mes couleurs sur une palette de papier. J'essaie toutes sortes de mélanges et découvre ainsi des combinaisons que je ne me serais pas risquée à réaliser directement sur le tableau. Vous voyez à droite quelques-uns de ces mélanges aux structures intéressantes.

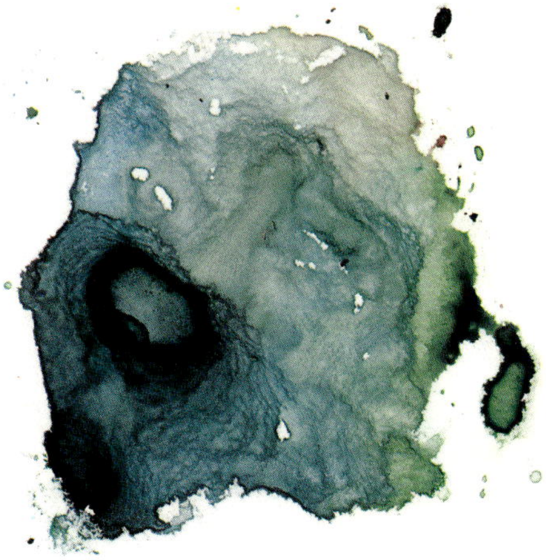

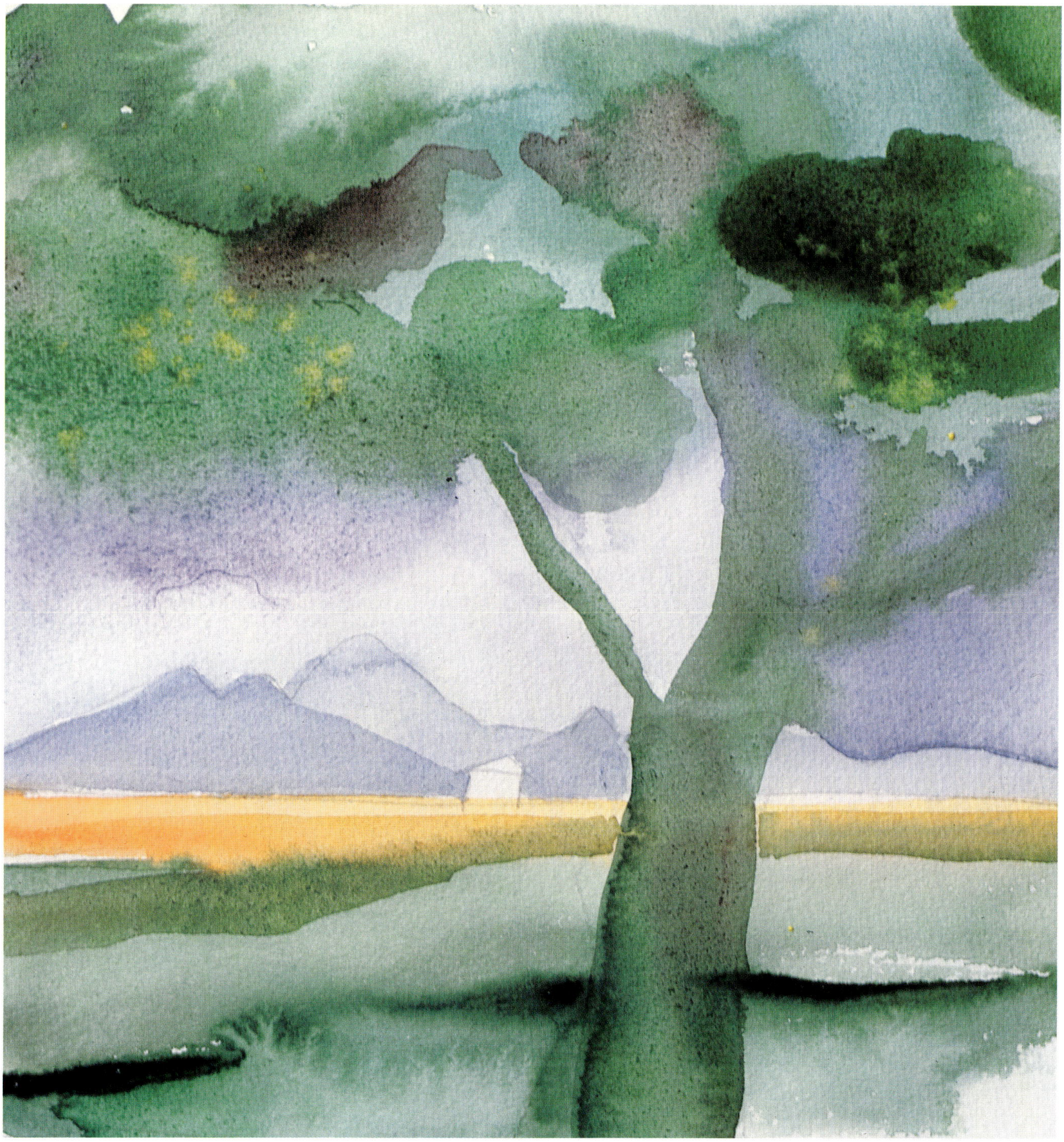

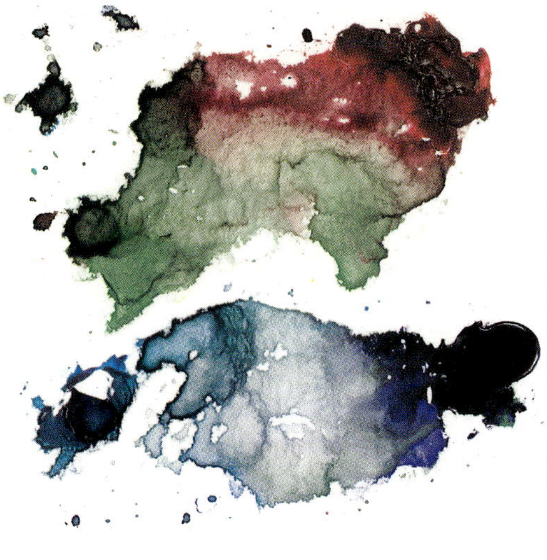

Le blanc de la maison est un facteur important du tableau. Cet élément doit attirer le regard. Pour le mettre en valeur, j'ai assombri la montagne derrière. Le tronc d'arbre commence à prendre forme, mais je le laisse délibérément inachevé et ne déciderai qu'au dernier moment jusqu'à quel point j'en assombrirai la teinte. En contrepartie, je joue avec les ensembles négatifs de l'arrière-plan. Les transitions entre le ciel et la couronne de l'arbre me plaisent toujours. Je mets un peu de jaune dans le feuillage pour faire pendant à la ligne d'horizon jaune orangé. Pour plus de vivacité dans le feuillage, des petites parties en laque de garance conviennent parfaitement. À ce stade, il faut faire très attention de ne pas se perdre dans les détails et de ne pas oublier la composition d'ensemble.

Attention : nettoyez toujours les pinceaux et renouvelez l'eau ; sinon, des tons sales pourraient apparaître dans le tableau.

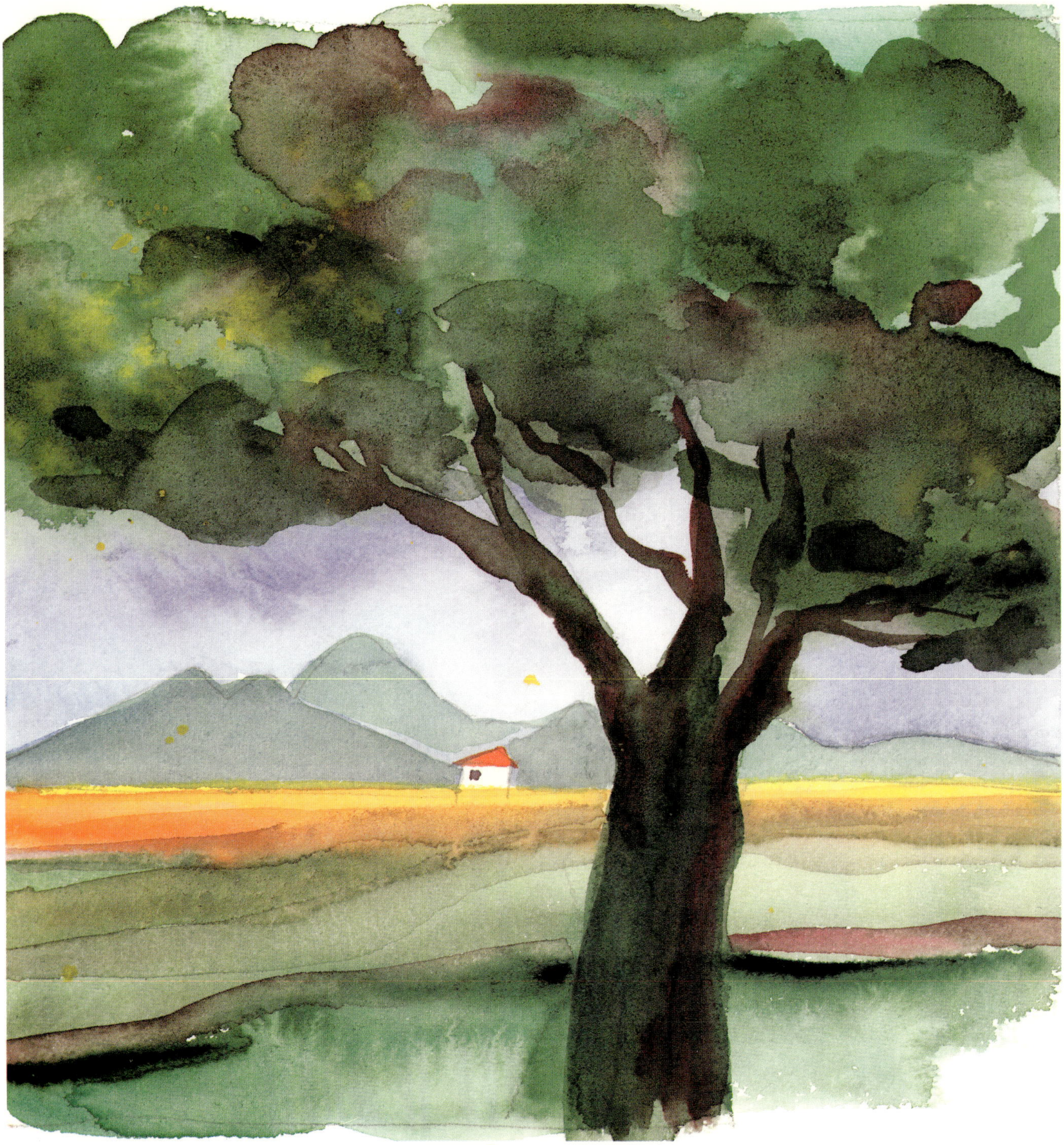

Les finitions et les petits détails interviendront une fois que le tableau sera sec. La couronne de feuillage doit gagner en vivacité et le tronc se rapprocher du premier plan. Parfois, j'humidifie de nouveau la couleur déjà sèche et je passe une autre couche. La couleur se mélange alors au fond. Bien sûr, la maison aura son toit. J'ai choisi pour cela un rouge de cadmium.

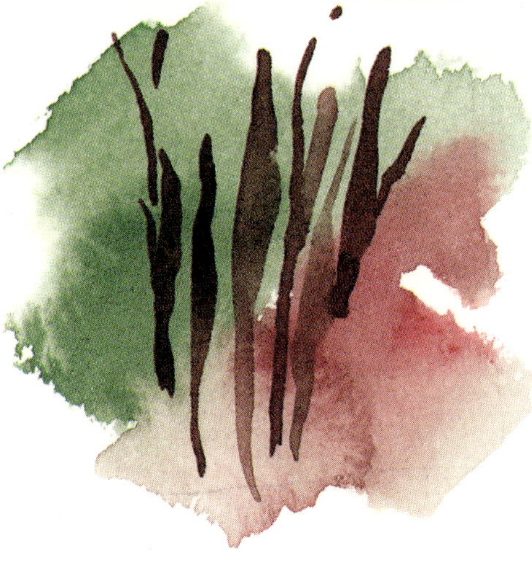

Le branchage se prête à merveille au jeu des pinceaux. Les branches naissent comme par magie, petites, délicates, grosses, minces, droites ou crochues. Vous pouvez vous reporter à la page 15, où cette technique est longuement exposée. En mélangeant laque de garance et vert de Hooker, comme dans l'exemple de gauche, vous obtiendrez de belles teintes brunes.

Encore quelques conseils

Un seul et même motif peut être l'objet de plusieurs compositions différentes. Voici quelques conseils.

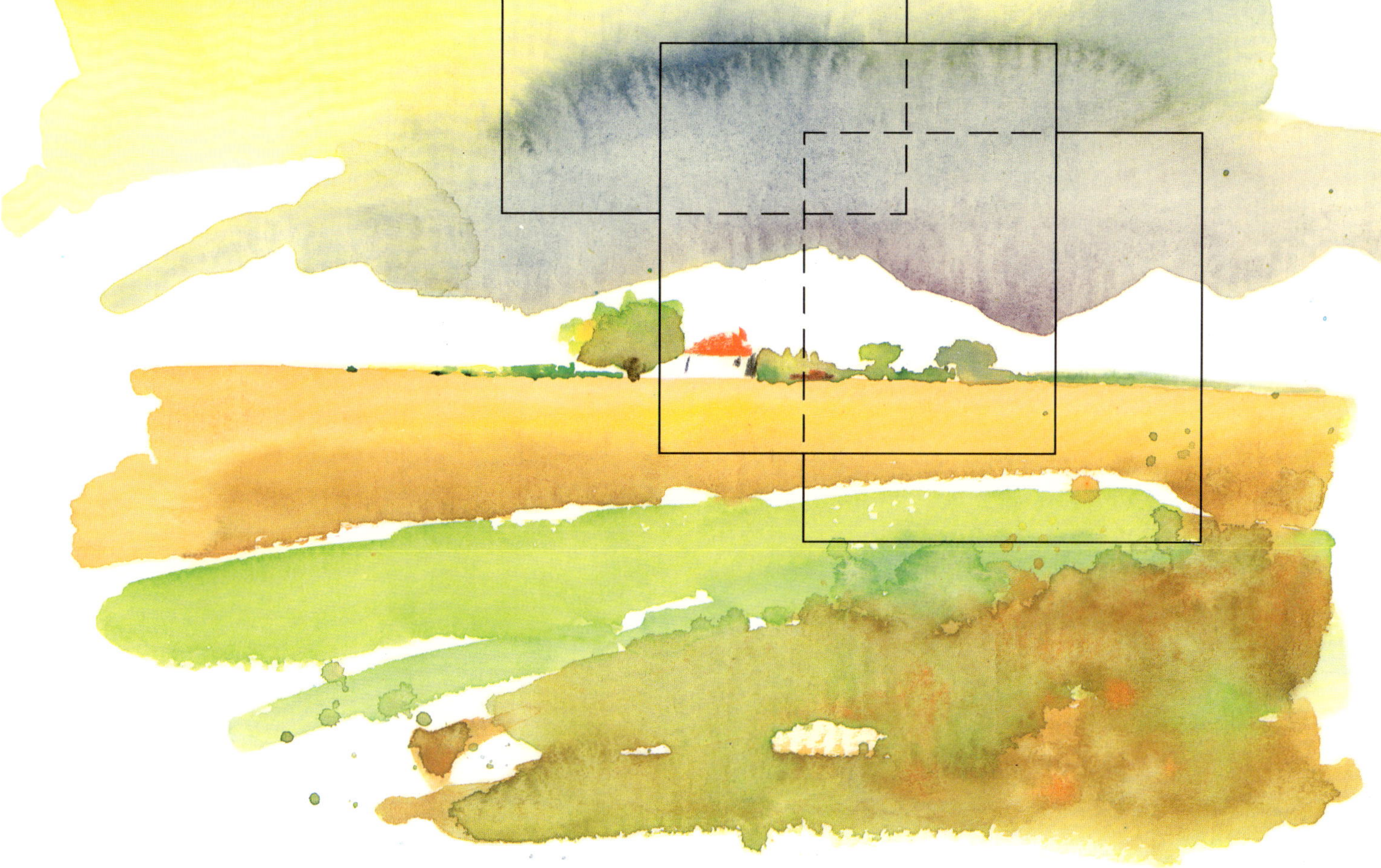

En modifiant les couleurs, on change aussi l'atmosphère. Si l'on substitue aux teintes plus foncées des teintes claires et chaudes, on transforme une atmosphère orageuse en celle d'une belle journée d'été.

Si vous gâchez un tableau, regardez-le bien avant de le jeter. Souvent, certains aspects vous permettent d'envisager une nouvelle composition ou, du moins, de continuer à travailler sur de nouvelles bases.

Des blancs peuvent être introduits délibérément. C'est le cas ici pour les montagnes et les taches dans l'herbe. J'ai ajouté la maison avec des crayons de couleur. Vous avez toute liberté dans ce domaine.

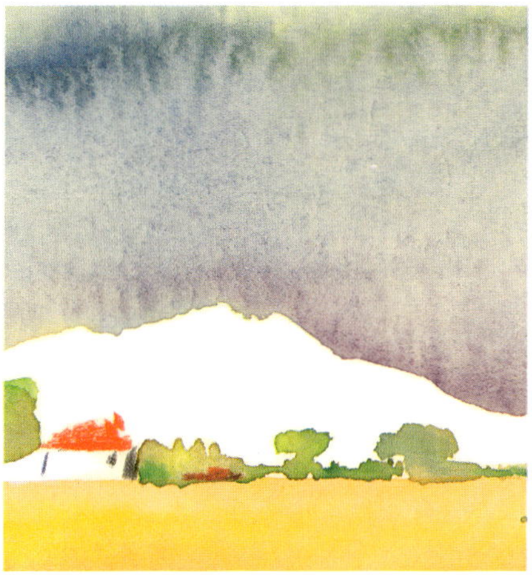

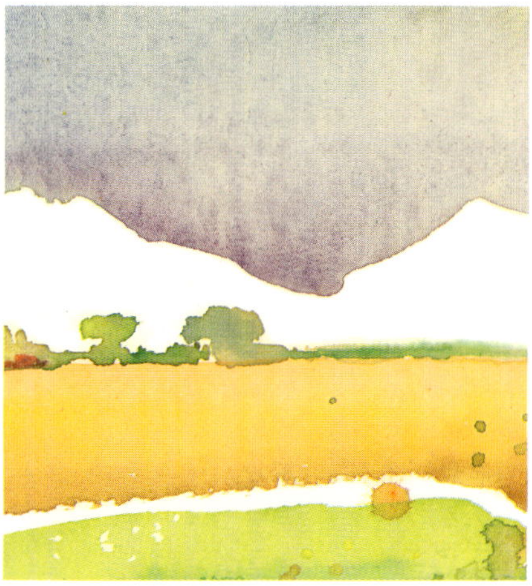

Peindre des fleurs

avec Gerlinde Grund

Les fleurs ont toujours inspiré les peintres et, pour les rendre, toutes les techniques picturales conviennent. Elles s'accordent particulièrement à l'aquarelle, car sa fluidité et sa luminosité, sa délicatesse éventuelle et son flou rendent à merveille le caractère du bouquet, de la fleur individuelle ou même de prairies entières. Si vous peignez des fleurs pour la première fois, je vous conseille de commencer par des études. Observez-en quelques exemples ci-dessous.
Ce qui est très important, ce sont les formes séparant les fleurs et les tiges entre elles ; ce sont elles qui rendent la plénitude ou la vivacité d'un bouquet, la profondeur et le modelé d'une fleur seule.
Esquissez la figure fondamentale, mais imprégnez-vous ensuite de sa forme et ne vous perdez pas dans des détails inutiles. Le tableau doit évoquer la forme mais aussi le parfum.
Les blancs jouent un rôle essentiel. Même si une fleur n'est pas blanche, ils apportent lumière ou éclat, et ainsi une certaine fraîcheur, une vivacité au tableau. Je réserve souvent des blancs, cela me permet de travailler plus spontanément que si j'utilisais de la gomme arabique.

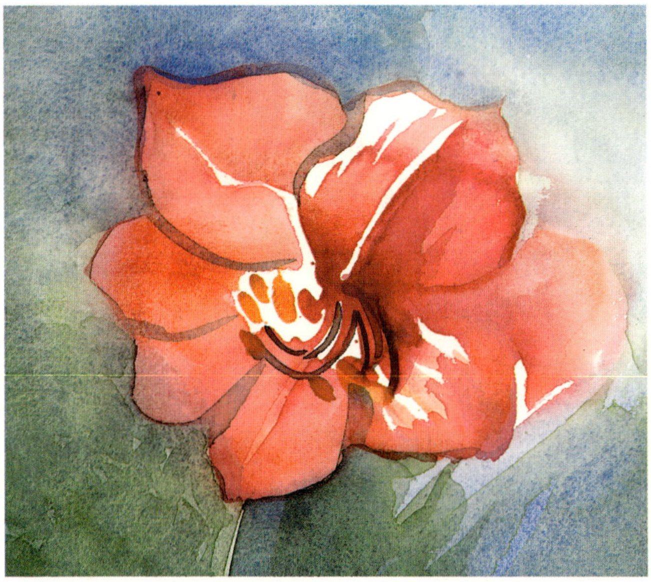

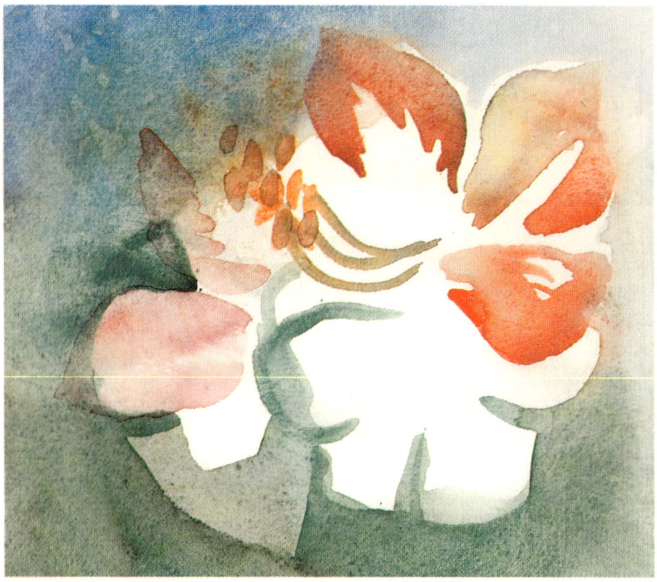

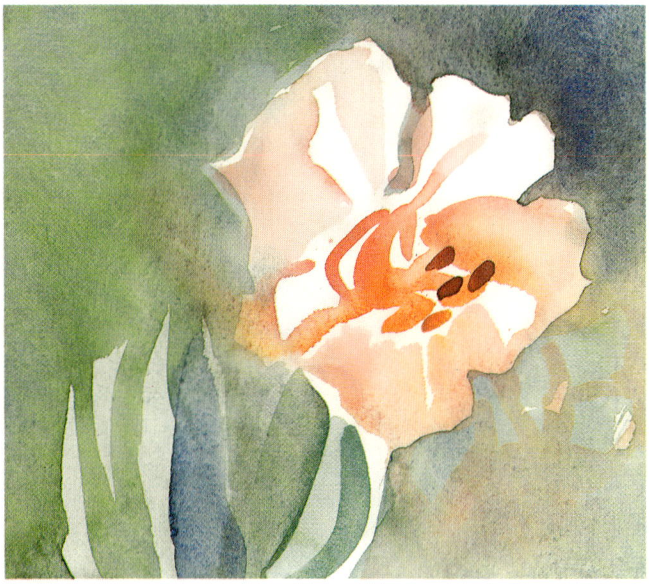

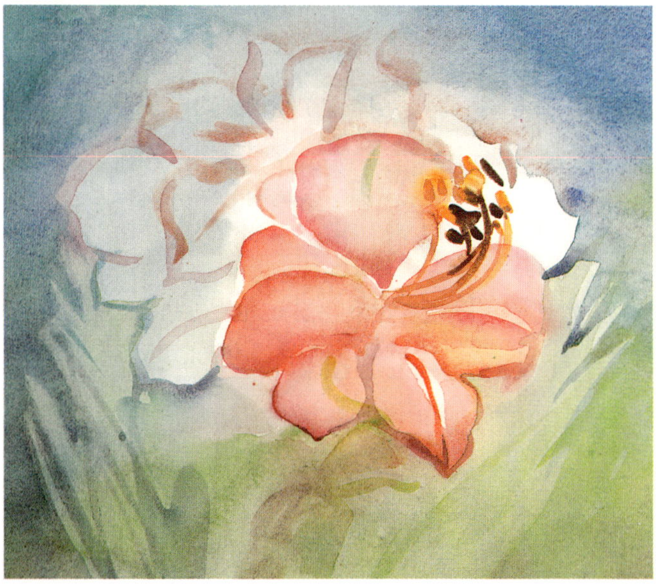

Dans la peinture à l'aquarelle, on progresse étape par étape, toujours des tons clairs aux tons plus foncés. En effet, dans l'aquarelle classique, il n'existe pas de blanc couvrant qui permettrait d'éclaircir les tons après coup.

Je commence d'abord par faire quelques esquisses pour bien « sentir » la plante. Je me suis restreinte ici, comme dans tous les tableaux suivants, aux couleurs de base (voir p. 10 et 11).

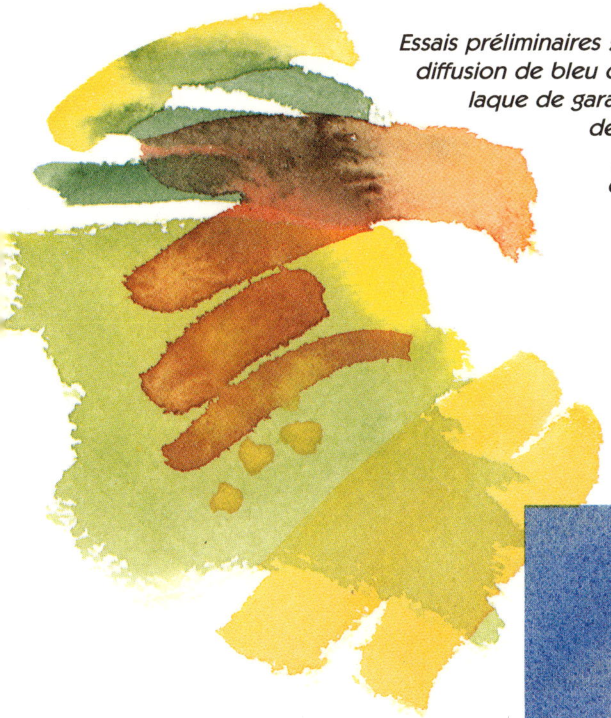

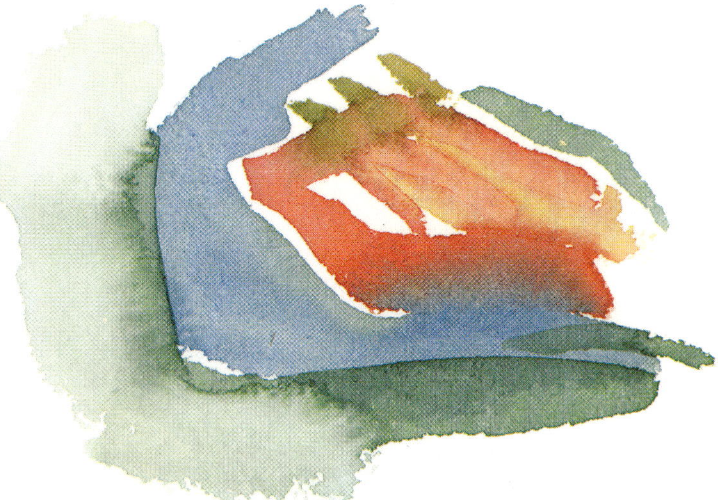

Essais préliminaires : glacis et diffusion de bleu outremer, laque de garance, vert de Hooker, jaune de cadmium.

Pour les exercices, que j'effectue sur du papier semblable à celui du futur tableau, je teste différentes techniques. Vous voyez ci-dessus ce que donnent les couleurs quand elles s'entrechoquent, se superposent ou se fondent entre elles. Je tente un glacis que j'éclabousse pour voir l'effet produit.

Je ne considère pas seulement les formes des fleurs, mais aussi les valeurs de luminosité. Quelles sont les parties lumineuses propres à la fleur, quelle est la teinte qui prédomine, laquelle correspond bien aux zones d'ombre ?

Après ces études préliminaires, je me décide pour une amaryllis au parfum très fort qui doit former un tout et non se diviser en plusieurs fleurs. J'ai peint d'abord le fond en laissant des passerelles sur les bordures en blanc. Les endroits encore humides de la fleur se mélangent doucement avec le fond, ce qui contraste avec certaines lignes plus nettes.

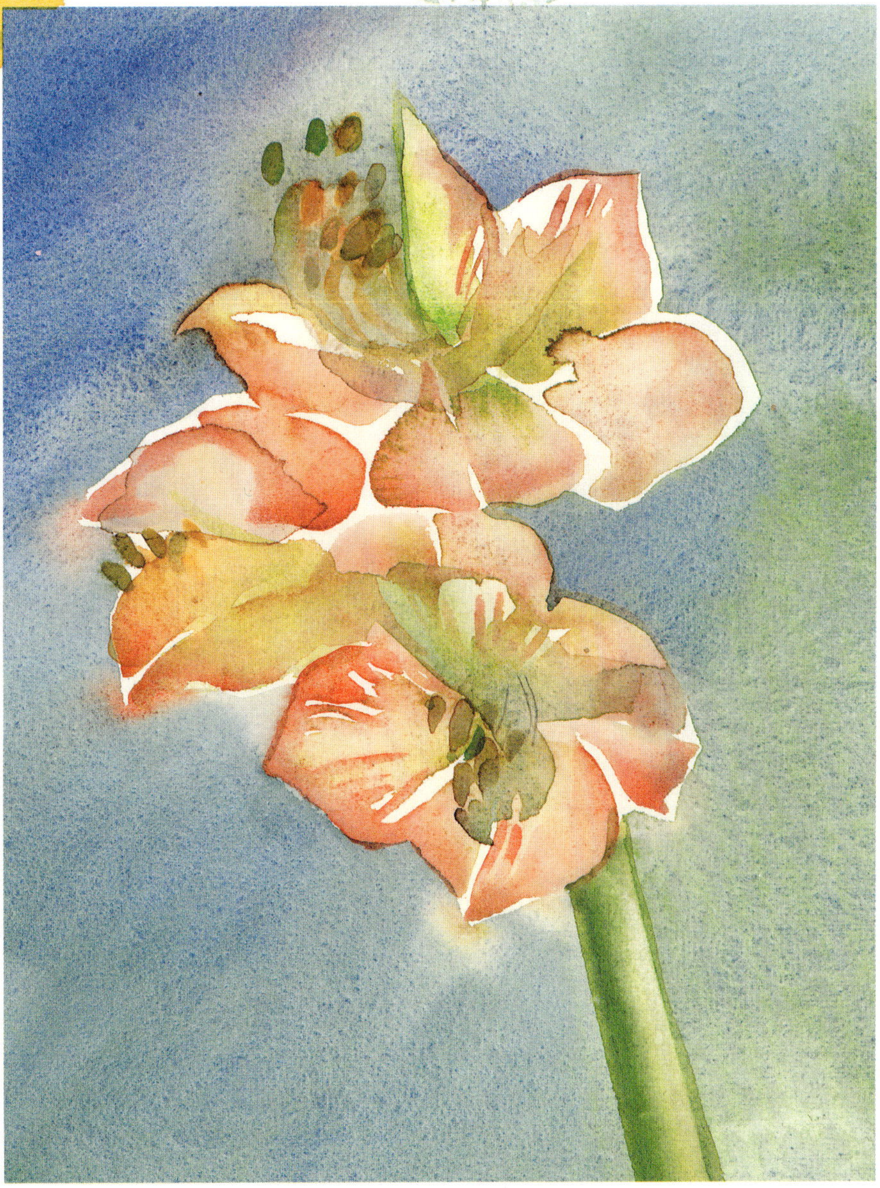

Sur un fond humide, je mélange du bleu outremer avec du vert de Hooker. La tige assez large de l'amaryllis a été d'abord contournée puis peinte quand le fond était sec. La lumière qui la frappe allège la tige.

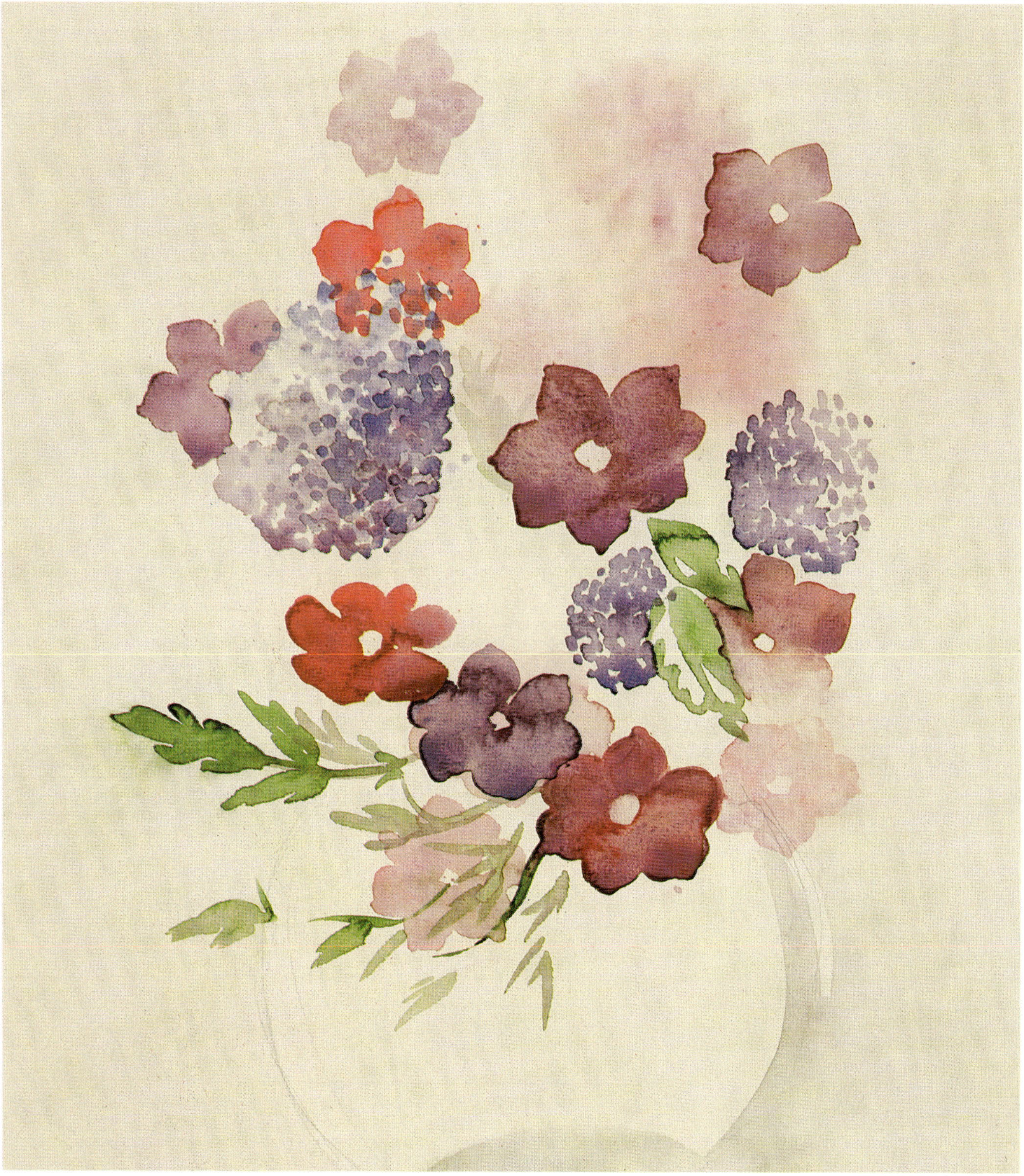

Avoir étudié les fleurs individuellement va vous aider par la suite à les peindre en bouquet, car la spécificité de chacune vous frappera d'emblée. On m'a offert ce bouquet joyeux et multicolore, et cela me tentait de fixer cette impression à l'aquarelle. Dans la multitude des fleurs, il ne s'agit pas de se perdre dans les détails. Ce qui compte, c'est l'image d'ensemble. Regardez un bouquet en clignant des yeux. Les feuilles se fondent entre elles et vous distinguez mieux la répartition des valeurs de luminosité ainsi que les teintes.
J'étends mon papier et je commence par disposer sur le fond humide les anémones et les marguerites. J'emploie de la laque de garance et des tons rougeâtres aux résonances froides. J'ajoute donc une toute petite touche de bleu outremer dans le rouge.
Les fleurs mauves et les feuilles vertes seront déjà disposées pour permettre une vue d'ensemble. Le vase en verre n'a aucune importance, je ne fais que suggérer ses contours.

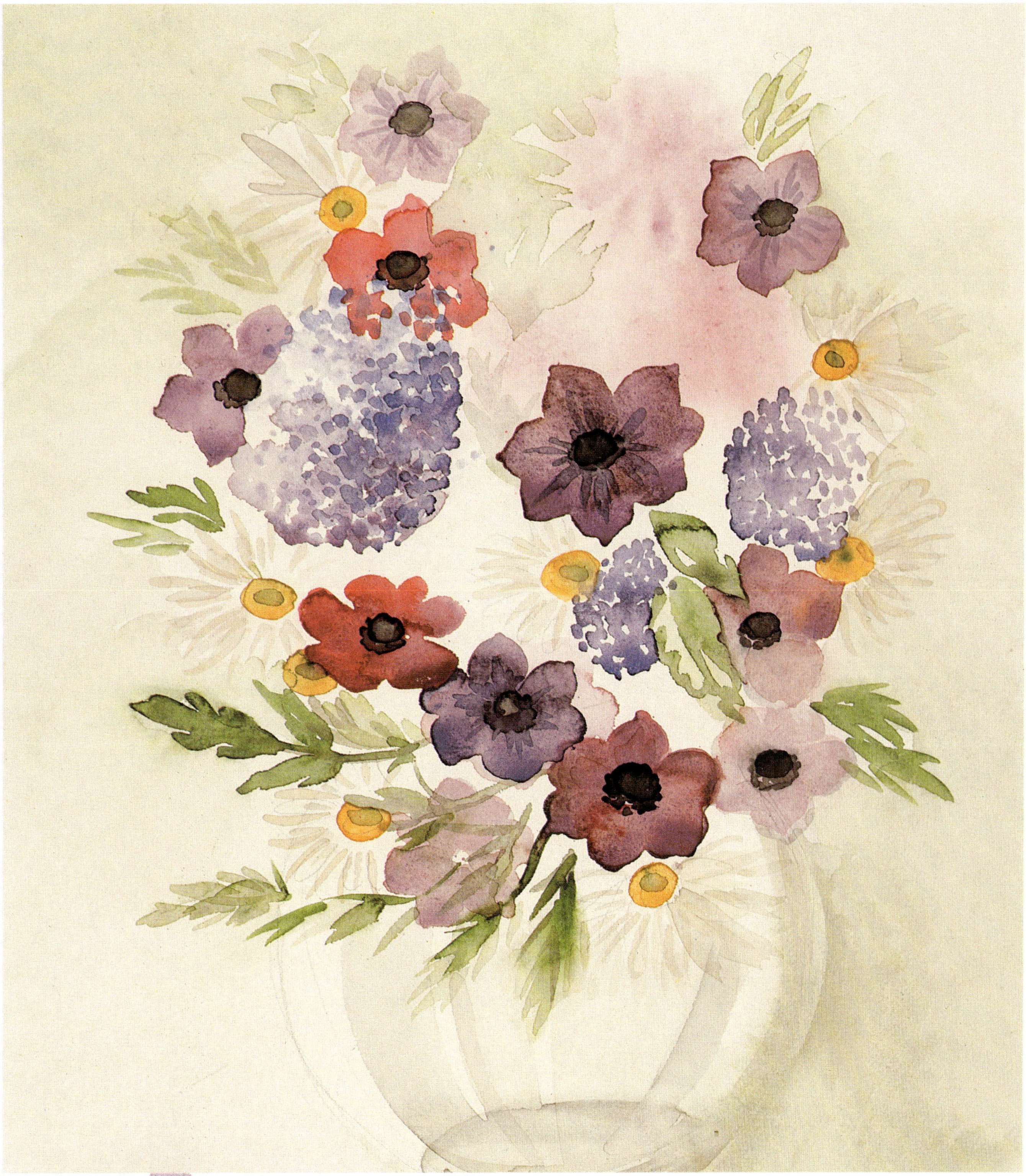

Je colore maintenant en jaune le cœur des marguerites réservé en blanc. Je complète aussi les anémones et répartis le vert des feuilles sur tout le bouquet. J'aime laisser des parties entières de mon tableau sécher pour passer ensuite des touches translucides sur quelques-unes des feuilles. Je retouche certaines parties laissées en blanc et étends encore une couche de glacis sur l'ensemble du tableau. Ainsi naissent des feuillages en filigrane et des fleurs vaporeuses. Voyez le détail à gauche.

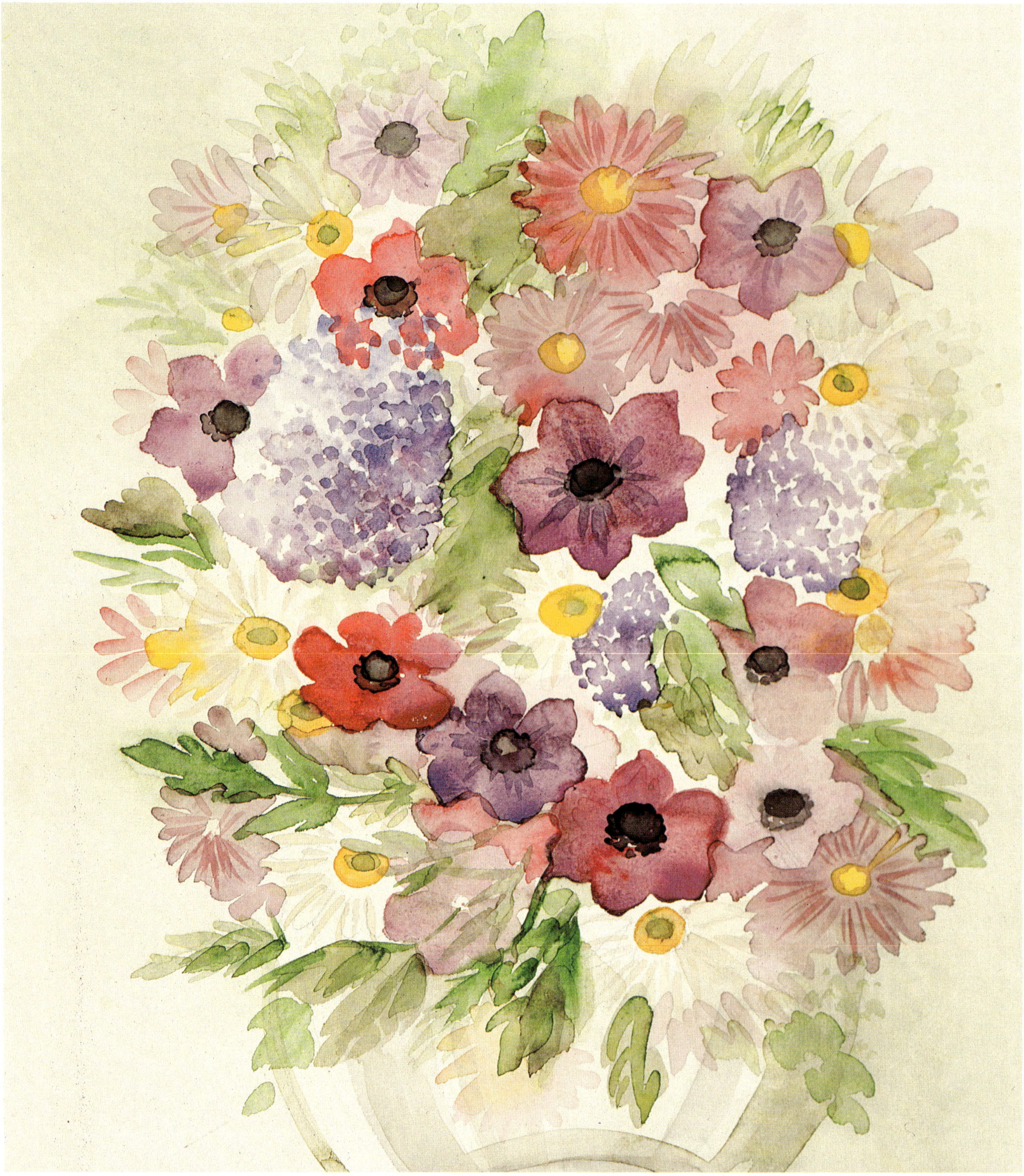

On peut peindre les fleurs de mille façons. Vous y découvrirez un nombre incroyable de détails, et rien ne vous empêche de varier librement les teintes et les formes. Laissez-vous guider par votre fantaisie, personne ne vous obligera de vous soumettre étroitement à l'original.
J'ai apporté une densité supplémentaire à l'ensemble en mettant quelques marques plus foncées sur les feuilles.

Maintenant, il ne manque plus que le fond. Je ne voulais ni le laisser en blanc ni lui donner trop d'importance. Comme le tableau est déjà sec et que je peindrai le fond en contournant le motif, je prends le temps de me décider. J'imagine des teintes plus claires qui préserveront la légèreté du bouquet.

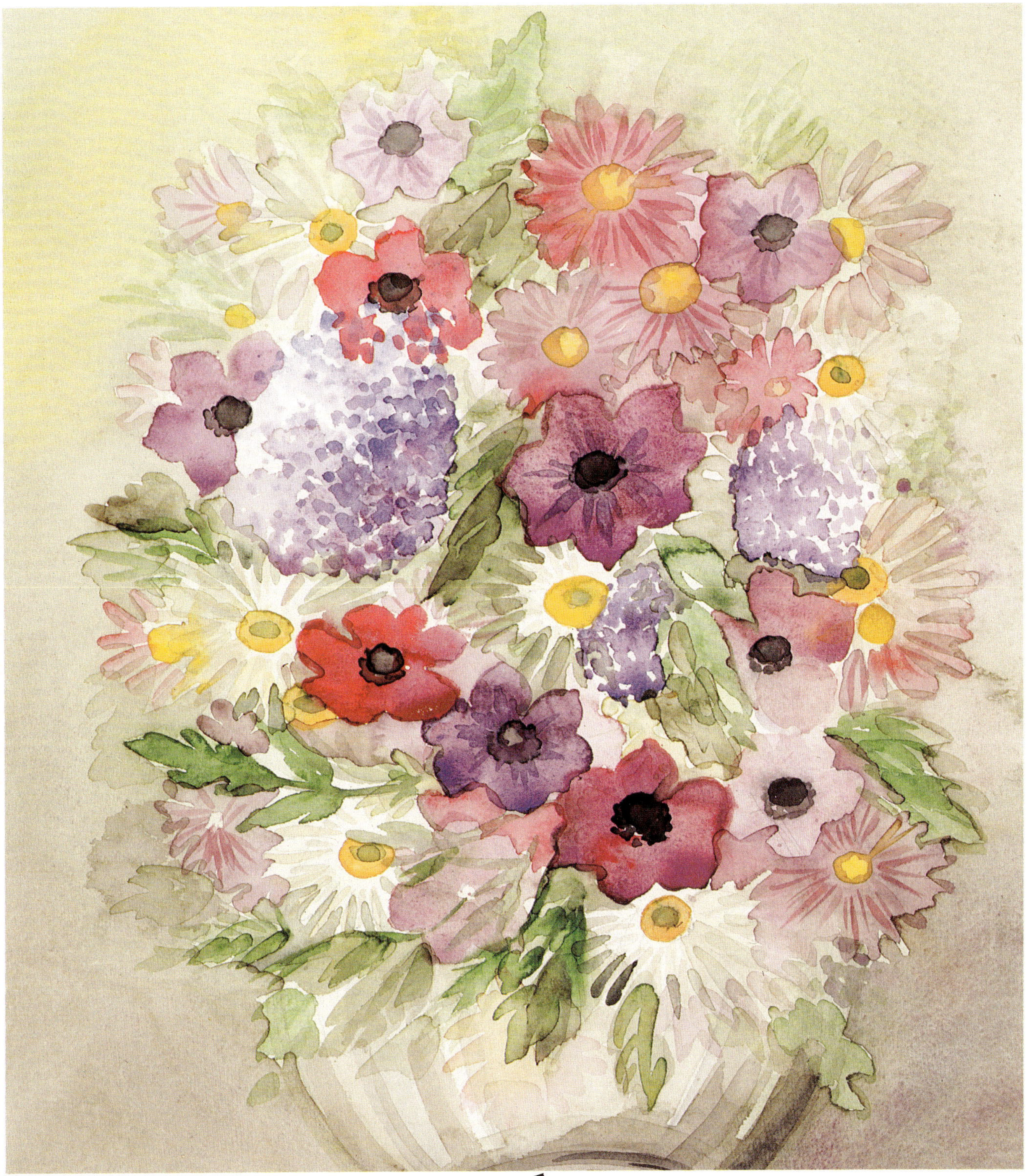

Je découpe dans du papier un peu plus épais deux angles que je dispose comme un passe-partout autour du tableau. Tout ce qui me gêne sur les bords est ainsi recouvert et j'obtiens une meilleure impression d'ensemble. Je me décide pour un fond jaune tendre qui évolue en descendant vers des tons plus foncés (très dilué : vert de Hooker et laque de garance.

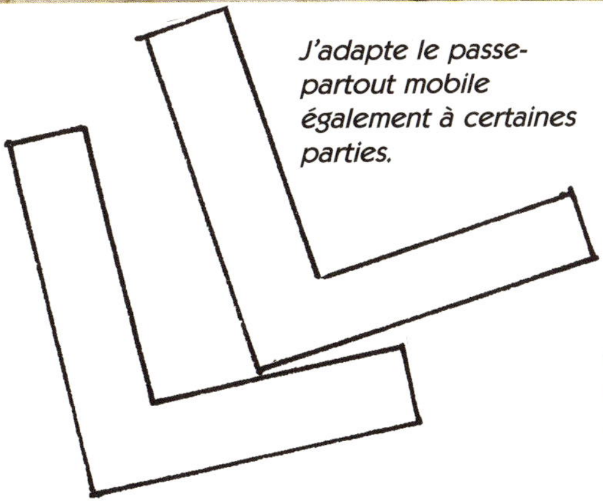

J'adapte le passe-partout mobile également à certaines parties.

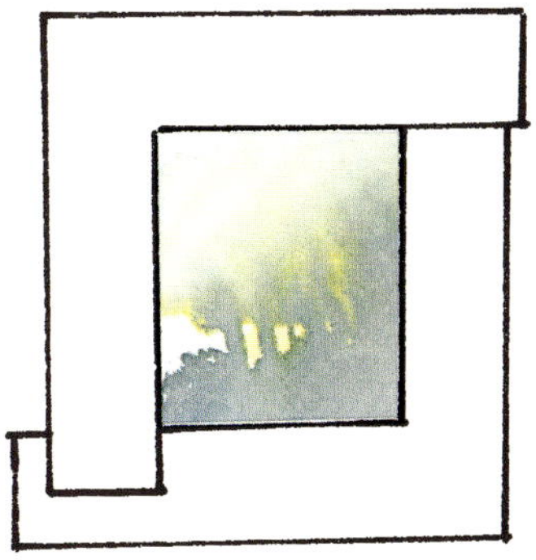

Dans un village

avec Karlheinz Gross

Chaque artiste trouve ses sujets à sa façon. Moi, par exemple, je me mets en chasse avec un appareil photo à développement instantané et je rentre ensuite chez moi pour peindre tranquillement.
Ce sujet rural, je l'ai découvert en hiver ; la composition me tentait : à gauche, cette maison à la charpente apparente qui contraste avec une maison de maître. Entre les deux, une tour avec un clocher en bulbe et, au-devant, un arbre dégarni. Le premier plan était gris et consistait en pavés et en goudron. Je n'ai même pas photographié ces derniers éléments pour ne pas être distrait au cours de la transposition. Mon premier plan devait être joyeux, par exemple dans des tons verts et jaunes, et l'arbre devait être en fleur.
Sur place, déjà, j'avais fait une esquisse au crayon 6B, afin de fixer les valeurs de luminosité telles que je les voulais. Photo et esquisse me servent de point d'appui pour le travail ultérieur. Une fois dans mon atelier (ou, si je suis en voyage, dans ma maison de campagne ou ma chambre d'hôtel), je transpose le même jour si possible mon sujet sur le papier. J'effectue déjà des corrections. Les objets gênants, comme ici un poteau électrique, une pancarte, des voitures en stationnement ou un premier plan ennuyeux, sont supprimés. En contrepartie, j'ajoute parfois des choses qui n'existent pas. Par exemple un arbre, un buisson ou même une maison entière. Cézanne a dit un jour : « Il ne faut pas copier la nature, il faut travailler parallèlement à elle. » C'est ce qui est aujourd'hui encore valable à mes yeux.

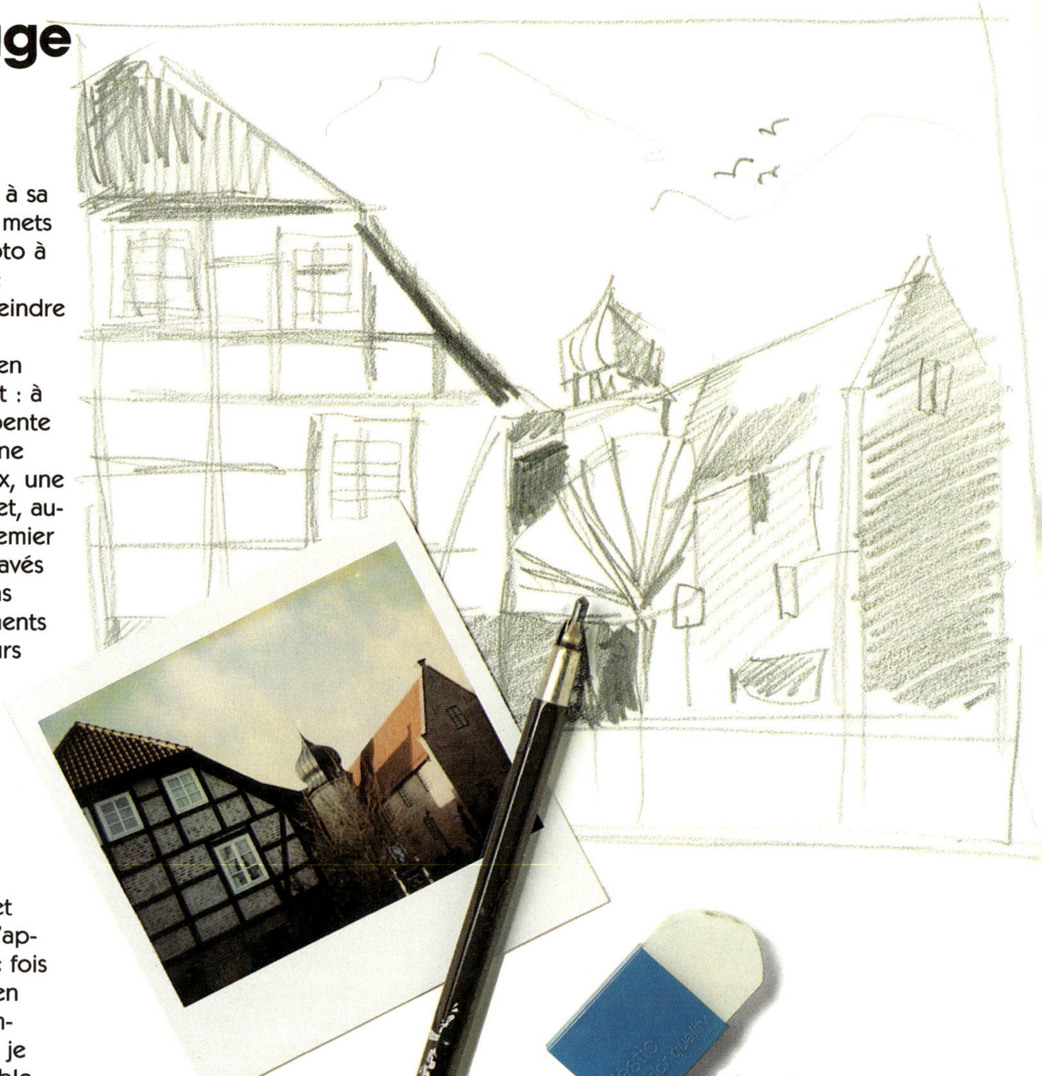

L'esquisse au crayon destinée à compléter la photo à développement instantané a été faite sur place.

Les surfaces lisses et constituées d'une seule et même couleur sont extrêmement rares. Les ombres et les réflexions de lumière leur donnent vie. Le gris d'une maison peut comporter plusieurs couleurs. Ici, par exemple, je mélange un bleu outremer avec de la laque de garance et du jaune de cadmium.

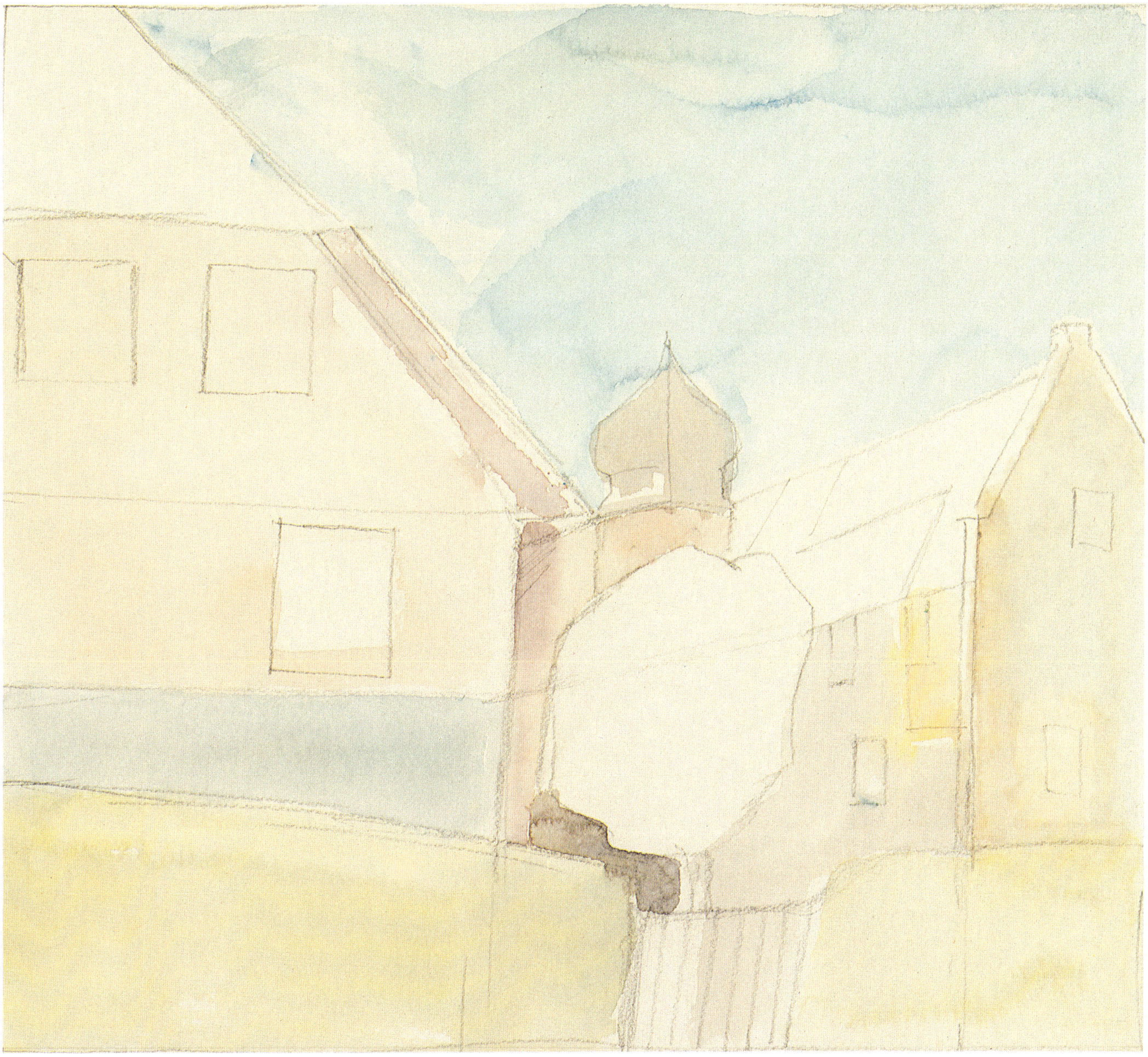

Lorsque je construis un tableau, je me réjouis toujours d'être peintre et non photographe. Le sujet, l'esquisse, la photo ne sont que des catalyseurs. Mon imagination m'aide à composer les assemblages les plus séduisants. On devrait se détacher du modèle que l'on a devant soi, de l'objet choisi, et le représenter à son idée. Qu'il peigne en plein air ou, comme moi, à la maison, le créateur est toujours celui qui décide en dernière instance : le poteau télégraphique doit-il apparaître sur le papier ? la porte, d'une couleur rose détestable, ne devrait-elle pas plutôt être jaune ocre ? ne faudrait-il pas remplacer la façade grise en béton par de la pierre de taille ?
L'esquisse au crayon doit être maintenant colorée. Je me limite aux six couleurs de notre équipement de base, que j'utilise sous la forme de tubes. On peut les presser sur une assiette ou sur des couvercles divers (rien n'empêche bien entendu d'utiliser des palettes). On les dilue et on les applique le plus rapidement possible. Dès la première couche, je cherche où seront les accents plus foncés qui structureront le tableau par la suite. Dans le cas présent, le centre de la composition se situera au niveau de l'arbre et de son environnement proche.

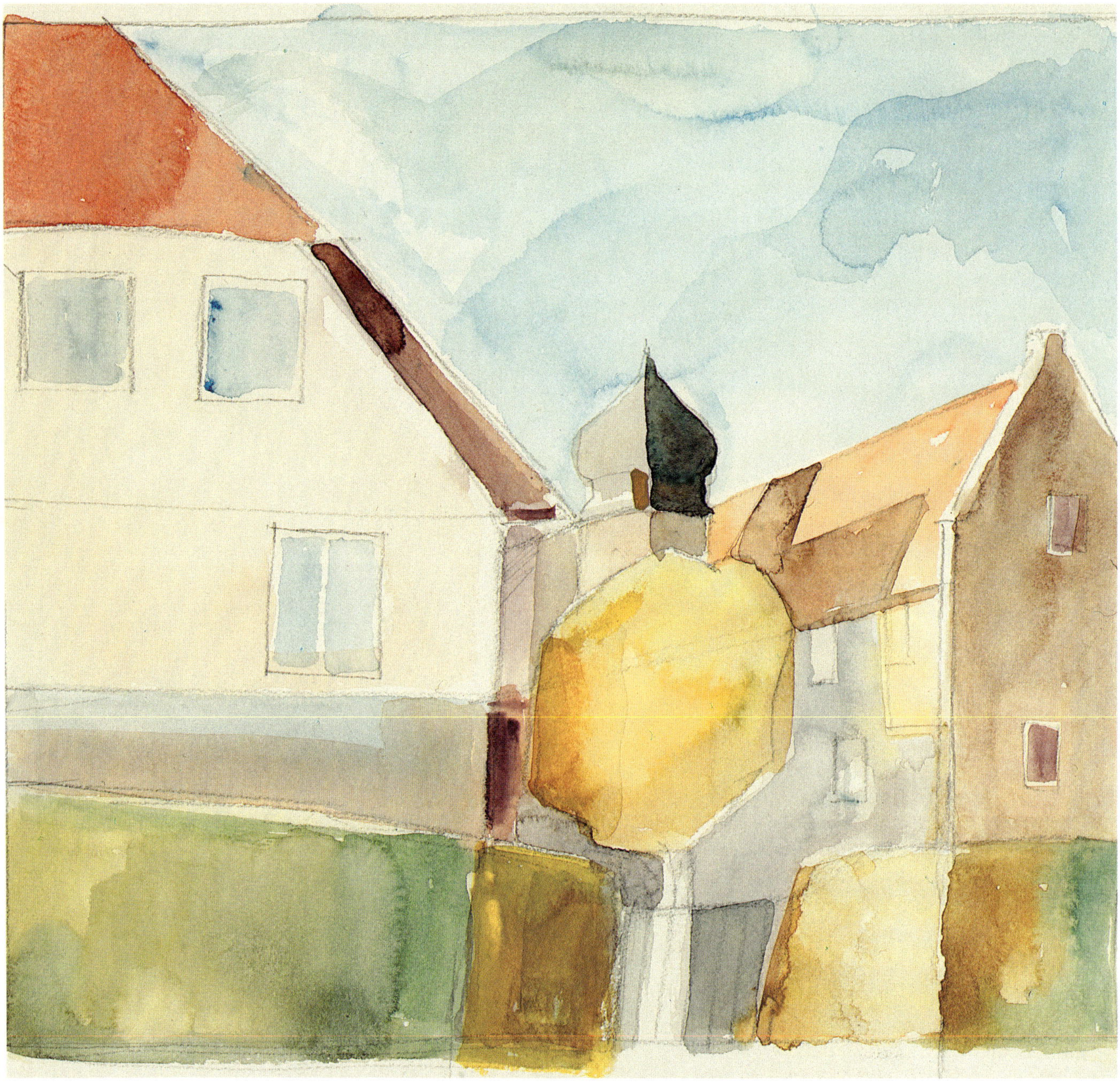

Comme on travaille toujours du plus clair au plus foncé, il convient de prendre garde au bon positionnement des valeurs sombres, car on ne peut ni les recouvrir ni les éclaircir par la suite.
Je mélange mes couleurs directement sur une assiette ou sur du papier brouillon à portée de main, lequel doit, bien entendu, être de la même texture que le support définitif.
Pour l'instant, je n'entre pas trop dans les détails. Ce qui compte, ce sont les parties colorées, car il faut harmoniser les teintes.
Vous voyez qu'une certaine profondeur naît entre les maisons. J'ai travaillé également le ciel et commencé à mettre les fenêtres plus en valeur.

Attention : si vous repassez souvent des couches au même endroit, les couleurs deviennent facilement sales. Vous risquez même de rendre le papier rugueux et de créer ainsi des taches.

Sur un morceau de papier, de la même texture que celle du support définitif, je teste d'abord quelques couleurs et quelques mélanges. Ici, vous voyez des petits exercices sur les glacis. Ces exercices donnent souvent des idées pour le tableau lui-même.

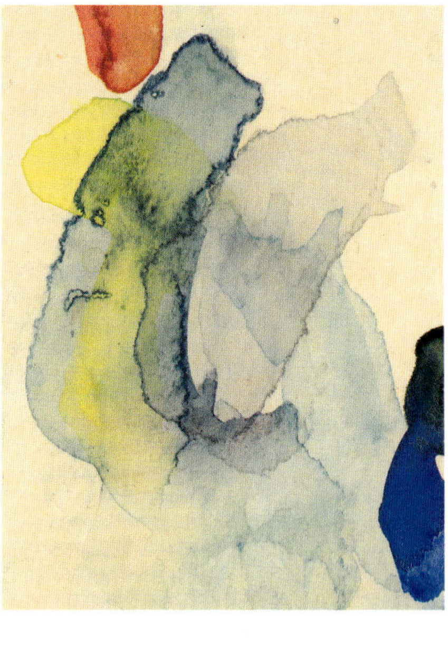

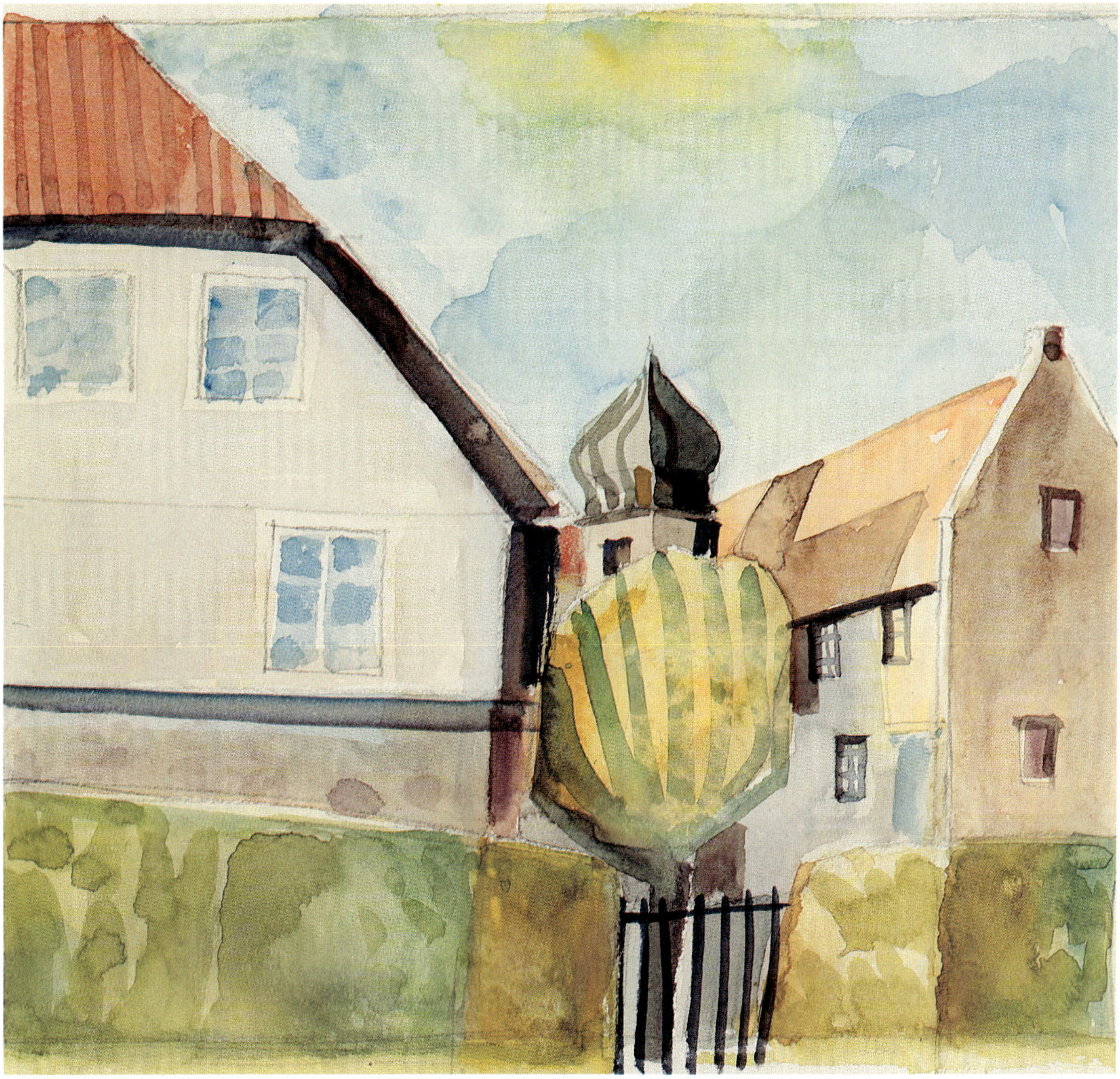

Un bon conseil : levez-vous pour regarder le tableau de loin. Vous éviterez ainsi de vous perdre dans les détails au détriment de la composition.
J'ai toujours à portée de main un séchoir et des mouchoirs en papier pour tamponner les couches trop humides ou trop compactes. Il est très important de changer souvent l'eau, car seule l'eau claire donne des couleurs propres.
J'ai renforcé les ombres et quelques détails, comme la structure des arbres, tout en laissant sécher le fond chaque fois, afin d'obtenir des lignes droites et nettes. Les couleurs qui se diluent et les lignes floues qui en résultent ne conviendraient pas ici.

J'ai reporté ensuite mon attention sur le ciel, un peu trop uni à mon goût. Pour des raisons picturales, je souhaitais répéter le jaune des arbres et des buissons ; j'ai donc fait transparaître les rayons de soleil à travers les nuages.

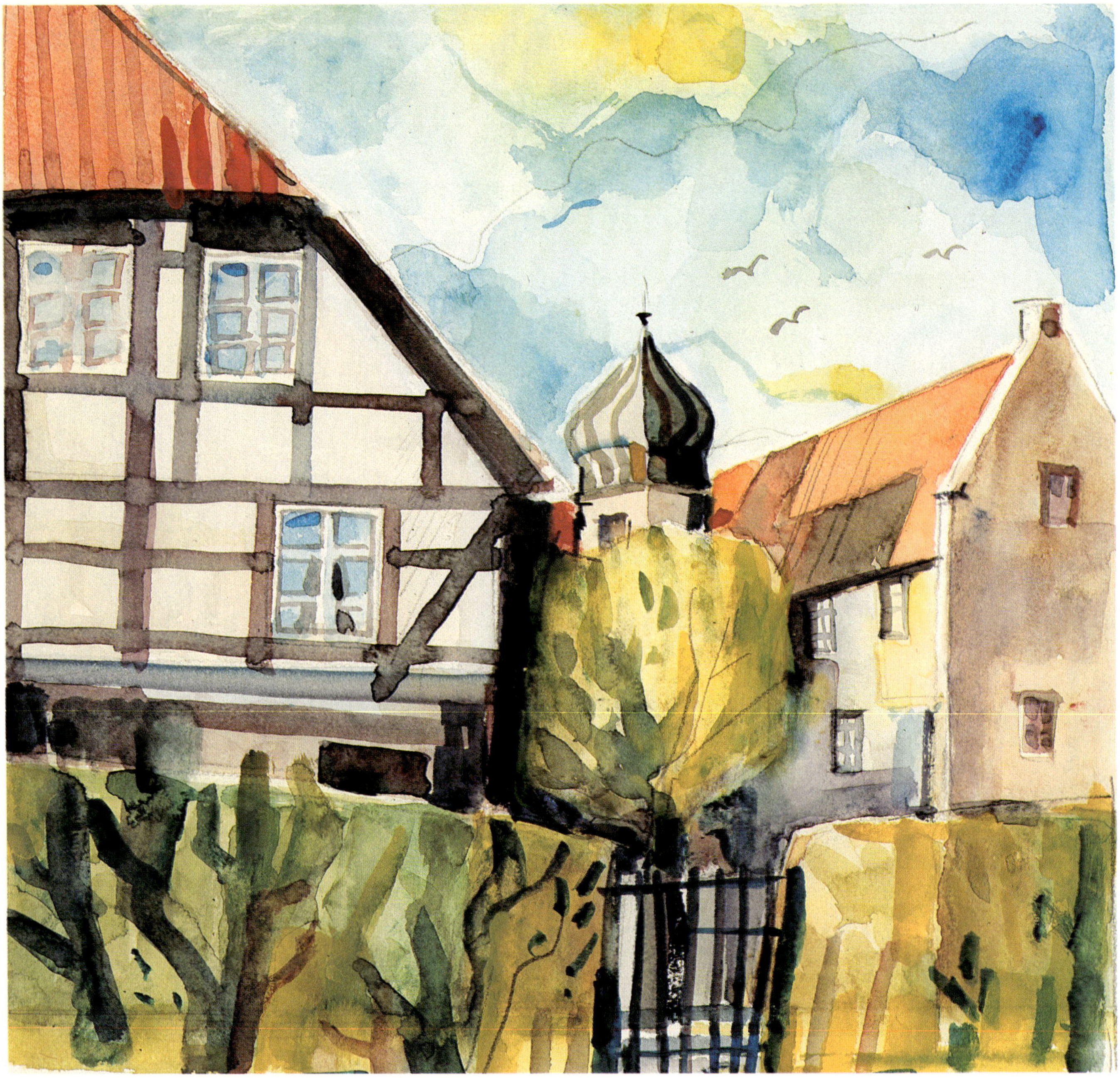

Dernière étape et derniers détails, la plupart sur fond sec. Ici, le grand danger consiste à en faire trop, à gâcher le tableau en voulant l'améliorer. Malheureusement, il n'existe pas de règles ; c'est donc à chacun de sentir quand il doit s'arrêter. Avec du temps, vous acquerrez de l'expérience, et votre instinct s'aiguisera. Les branches de l'arbre formaient une structure trop statique, trop semblable à celle de l'édifice à la charpente rigide. J'ai donc repassé une couche de jaune sur l'arbre. Le contraste voulu entre les formes simplifiées de l'arbre et des buissons et la rigidité des charpentes apparaît maintenant clairement. Les différents rouges des toits, froids et chauds, se complètent réciproquement, ainsi que les jaunes des buissons, de l'arbre et du ciel. Pour mettre quelques accents sur le ciel et l'intégrer dans la composition, j'ai inventé quelques oiseaux. Je les ai dessinés au crayon. Il était possible, bien entendu, d'employer une couleur très diluée.

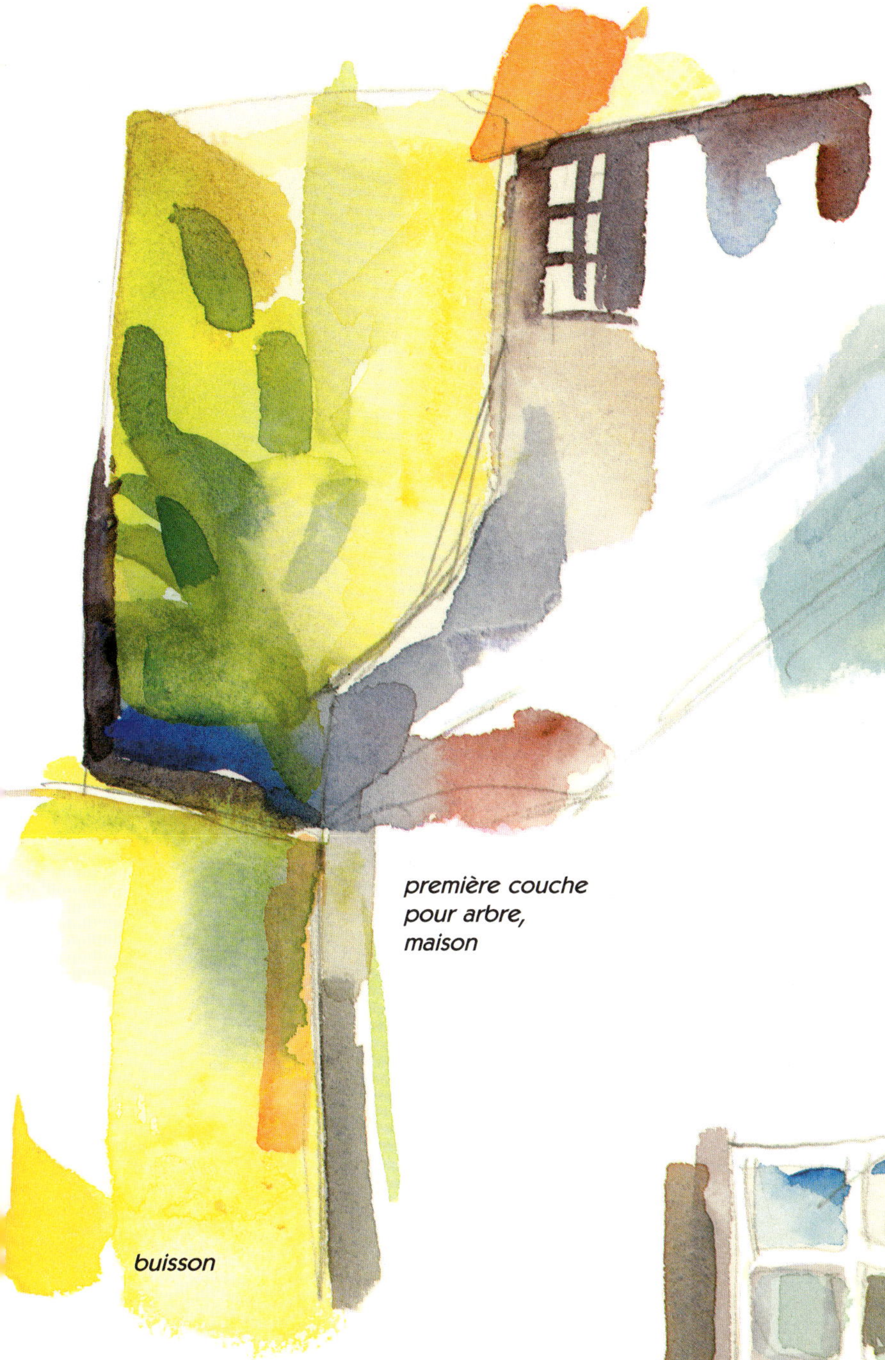

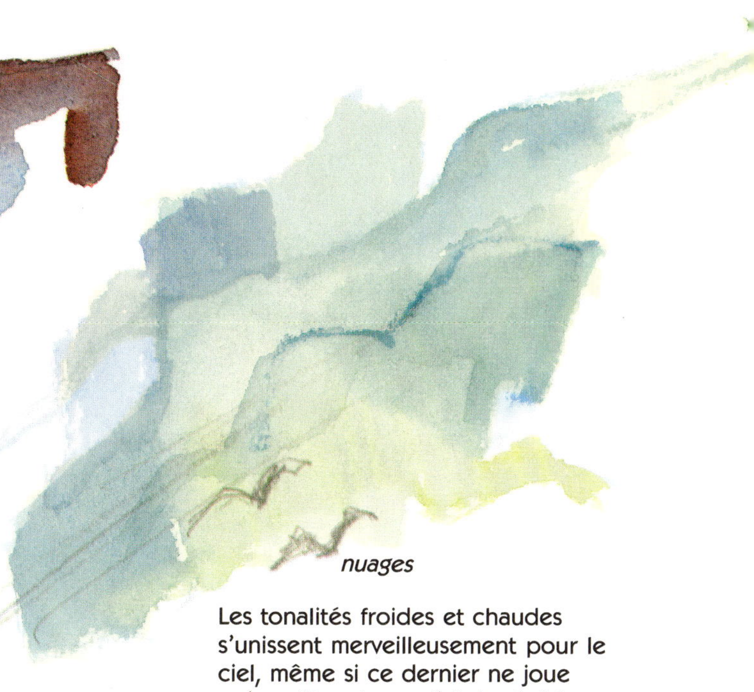

Les tonalités froides et chaudes s'unissent merveilleusement pour le ciel, même si ce dernier ne joue qu'un rôle mineur. J'ai dessiné les oiseaux au crayon.

Considérons encore quelques détails susceptibles de nous aider.
Le fond détermine dans une certaine mesure la tonalité des couleurs et doit être bien choisi. Les teintes jaunes prédominent dans les buissons et les arbres, et donnent au tout une sensation de chaleur.
Les teintes vertes naissent du mélange entre le bleu outremer et le vert de Hooker sur jaune, lequel vert, issu du mélange entre du bleu et du jaune, est toujours un peu plus froid. N'hésitez pas à employer des couleurs qui n'apparaissent pas en réalité dans votre sujet, comme ici la laque de garance et le mauve, si vous voulez rendre vos impressions personnelles et non copier une photographie.

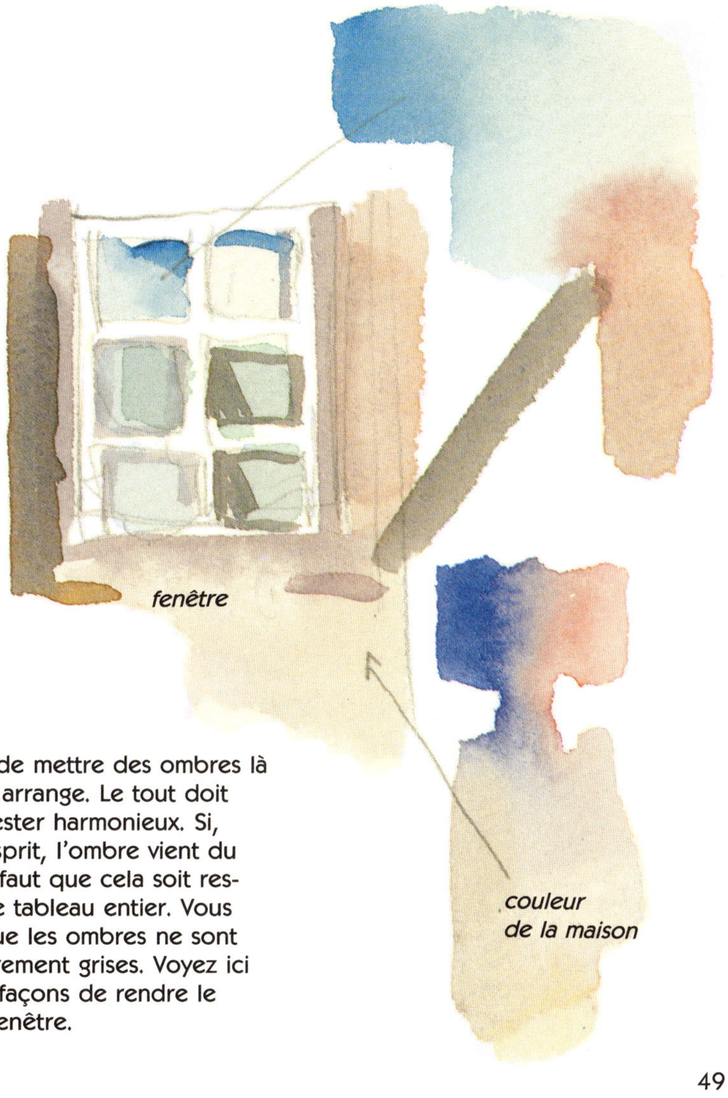

Libre à vous de mettre des ombres là où cela vous arrange. Le tout doit cependant rester harmonieux. Si, dans votre esprit, l'ombre vient du côté droit, il faut que cela soit respecté dans le tableau entier. Vous savez déjà que les ombres ne sont pas nécessairement grises. Voyez ici les multiples façons de rendre le relief d'une fenêtre.

Peindre une nature morte

avec Beate Weber - von Witzleben

A priori, la nature morte ne semble pas se prêter à la technique de l'aquarelle. L'on n'a pas intérêt à ce que les couleurs se fondent les unes dans les autres lorsque l'on veut obtenir des formes nettes. La libre diffusion des couleurs, avec les hasards qu'elle comporte, n'est alors guère conseillée. Tout cela n'est vrai que si l'on associe la nature morte aux assiettes à dessert, aux cruches et aux vases des anciens maîtres. Mais la nature morte, c'est aussi autre chose : une observation intense, la découverte de la lumière, de la couleur et de la forme, la composition propre d'un sujet, le jeu avec toutes ces composantes. Les formes et les couleurs peuvent être combinées en toute tranquillité, et l'on peut regarder le sujet de tous les côtés, le modifier et en changer la lumière. Il n'est pas nécessairement rigide et sans vie, et vous pouvez là aussi jouer avec la technique. Vous n'êtes pas obligé de vous lancer tout de suite dans des coupes de marbre et des vases de cristal.
Ici, je n'ai accordé aucune importance au vase. Il était constitué d'un verre lourd et rugueux que je n'ai fait que suggérer. L'important, c'était de capter l'essence du bouquet.

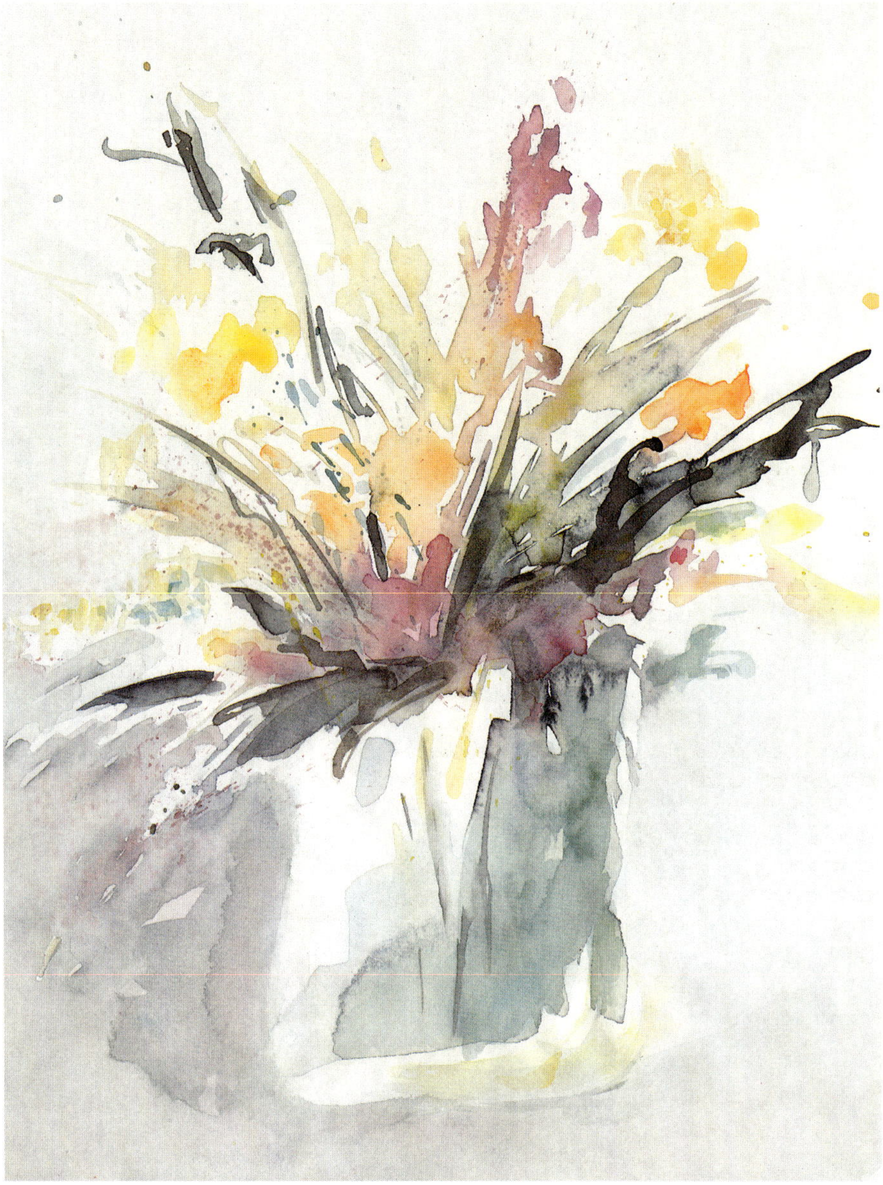

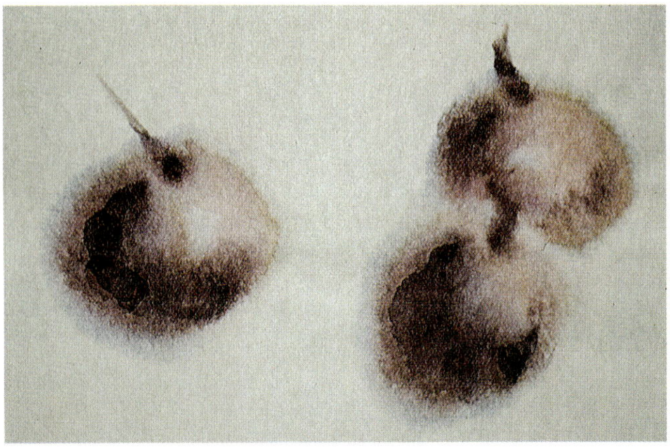

Une nature morte, c'est également ces trois simples fruits. Les fruits constituent une source d'inspiration inépuisable, à la teneur toujours renouvelée. J'ai essayé cette fois-ci une technique sino-japonaise qui dépend étroitement du papier employé, un papier japonais — ici de fabrication artisanale. Les prunes, ci-contre à droite, ont été réalisées ainsi. Lancez-vous à votre tour. Vous verrez qu'avec un peu d'exercice ce n'est pas difficile. Les couleurs sont appliquées à des degrés divers de dilution sur du papier humide et sèchent en formant des bordures floues. On obtient ainsi un certain modelé. La façon dont on distribue la lumière est essentielle, c'est elle qui donnera aux fruits leur arrondi.

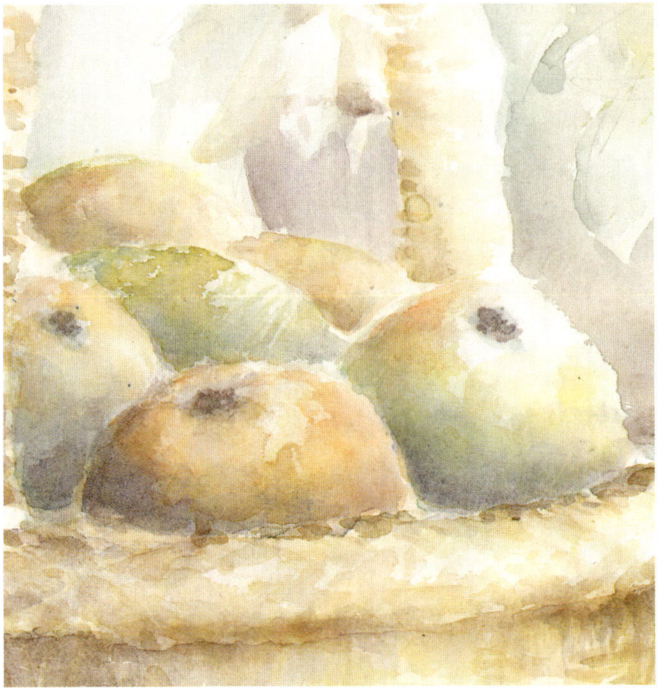

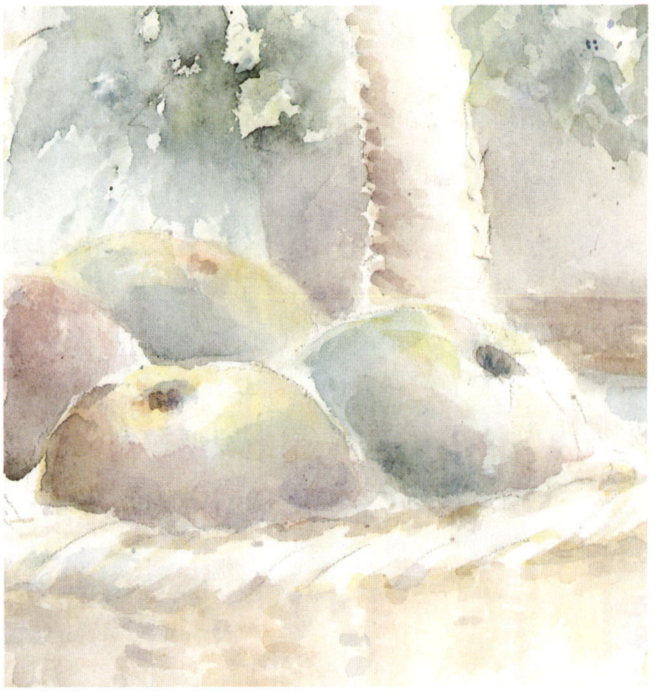

Ici, le motif est le même dans les deux exemples, mais l'atmosphère est différente. La corbeille de pommes était sur mon balcon et j'avais plus envie de les peindre que de les manger. J'ai commencé par des couleurs chaudes, tout en ayant préesquissé avec précision la corbeille et les pommes. Ce n'est pas obligatoire. On peut peindre tout de suite.

Puis j'ai eu envie de transposer les mêmes fruits dans des couleurs différentes. Maintenant, ils semblent sortir directement du réfrigérateur plutôt que d'être exposés au soleil. J'ai substitué aux teintes jaunes et ocre un mauve frais et des teintes de bleu.
Une composition ne doit pas être forcément achevée tout de suite. N'hésitez pas à essayer diverses solutions, des couleurs chaudes et des couleurs froides, des teintes délicates ou vigoureuses.

Une nature morte toute différente. J'avais disposé les bouteilles et les cruches devant moi et effectué les esquisses d'usage. Mais, après les avoir longuement considérées, il me semblait que les reflets et les jeux de miroir commençaient à prendre une certaine importance. J'ai cligné des yeux et j'ai réduit ma représentation à quelques formes simples. Pour faire ressortir la transparence, j'ai intégré le fond, et répété les formes et les surfaces en faisant partiellement l'économie des objets, ce qui a augmenté la transparence.

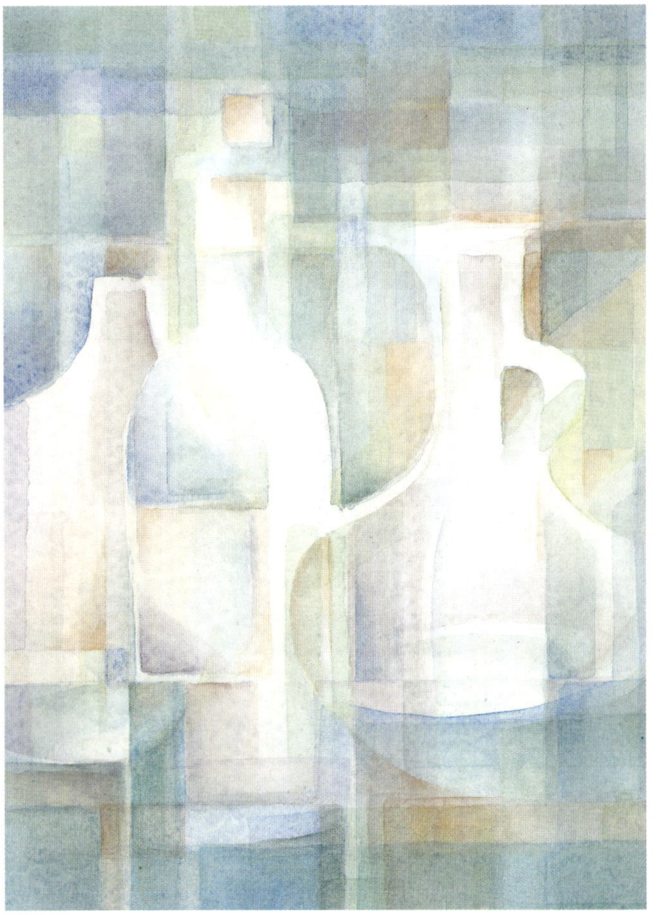

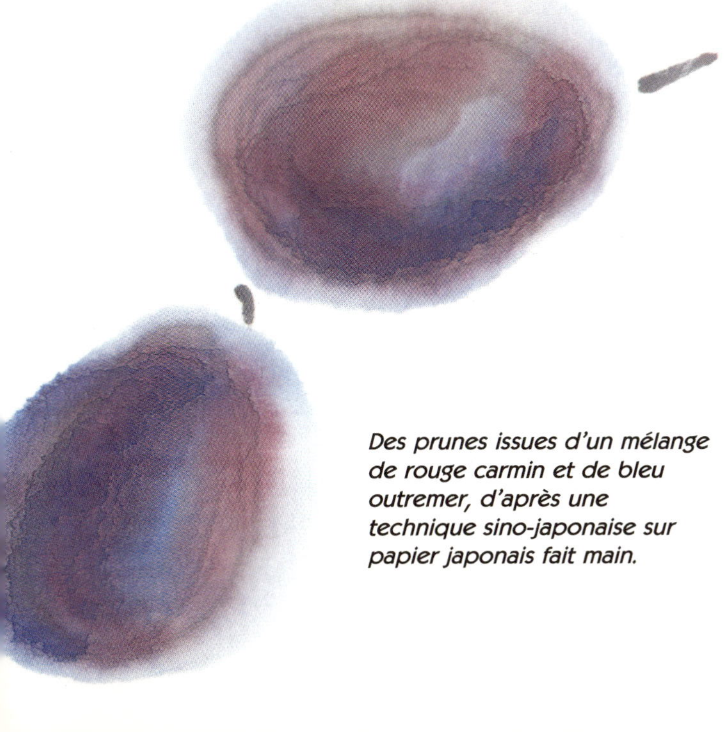

Des prunes issues d'un mélange de rouge carmin et de bleu outremer, d'après une technique sino-japonaise sur papier japonais fait main.

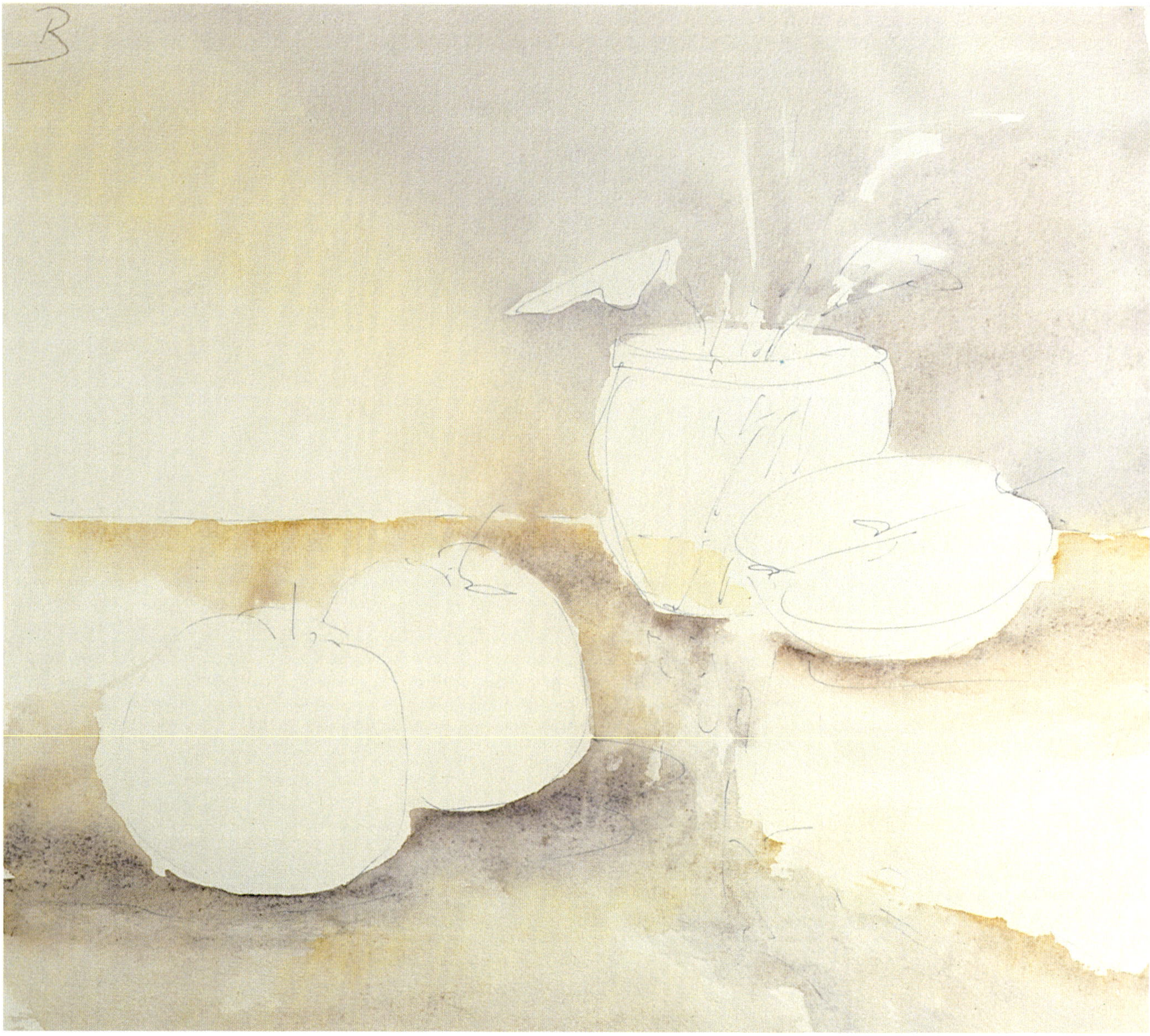

Tout peut être prétexte à une nature morte. Des objets recueillis sur la plage, des cailloux, des tiges ou des débris de bois. Mais vous trouverez également des motifs dans votre jardin ou dans votre boîte à couture, dans votre cuisine ou dans la chambre des enfants.
Après une journée de récolte dans la campagne, des enfants m'ont fait cadeau de quelques brindilles de pommier que j'ai disposées dans un pot à confiture. Puis j'ai cherché deux pommes particulièrement belles qui venaient d'être cueillies et j'ai ajouté une moitié de pomme à l'ensemble. Ne commencez jamais par des motifs trop compliqués ; quelques fruits et des brindilles suffisent amplement. L'œil du peintre commence déjà à composer : les petites branches bizarres, les formes arrondies des pommes, un peu d'eau renversée sur la table, les ombres portées des branches, une plage un peu plus claire sur la table, tout cela donne envie de peindre. Sans grands travaux préliminaires, on peut rendre les impressions essentielles. Il faut savoir à l'avance si l'on veut copier l'original ou refléter sa propre humeur. Je voulais par des couleurs délicates, plutôt froides, mettre en valeur l'atmosphère d'une fin de journée calme, un peu fraîche, succédant à l'animation d'une joyeuse journée de récolte. Je désirais faire ressortir son côté méditatif et éphémère.
Couleurs principales : l'ocre, le rouge de carmin, le bleu outremer, le mauve et la terre d'ombre.
Je commence par quelques petites esquisses au cours desquelles je modifie éventuellement certains objets et leurs dimensions. Puis je dessine l'ensemble à traits légers. Ces traits peuvent rester visibles, afin d'animer la composition.
Je peins à l'aquarelle humide la surface de la table pleine de taches d'eau et de réflexions lumineuses. Le fond délavé lui convient.

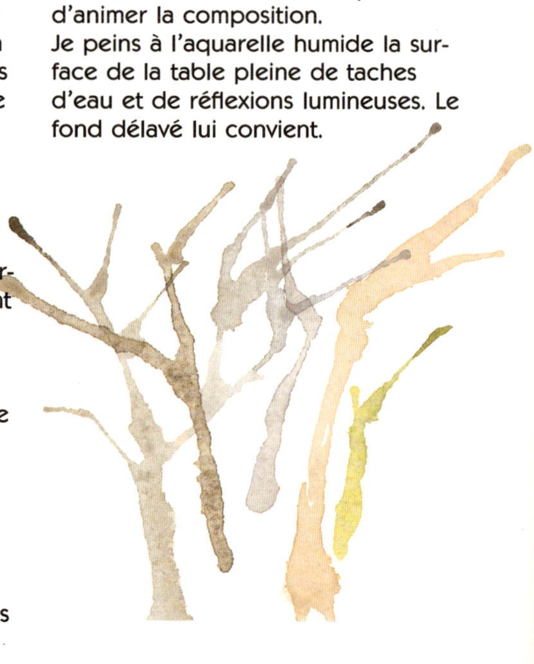

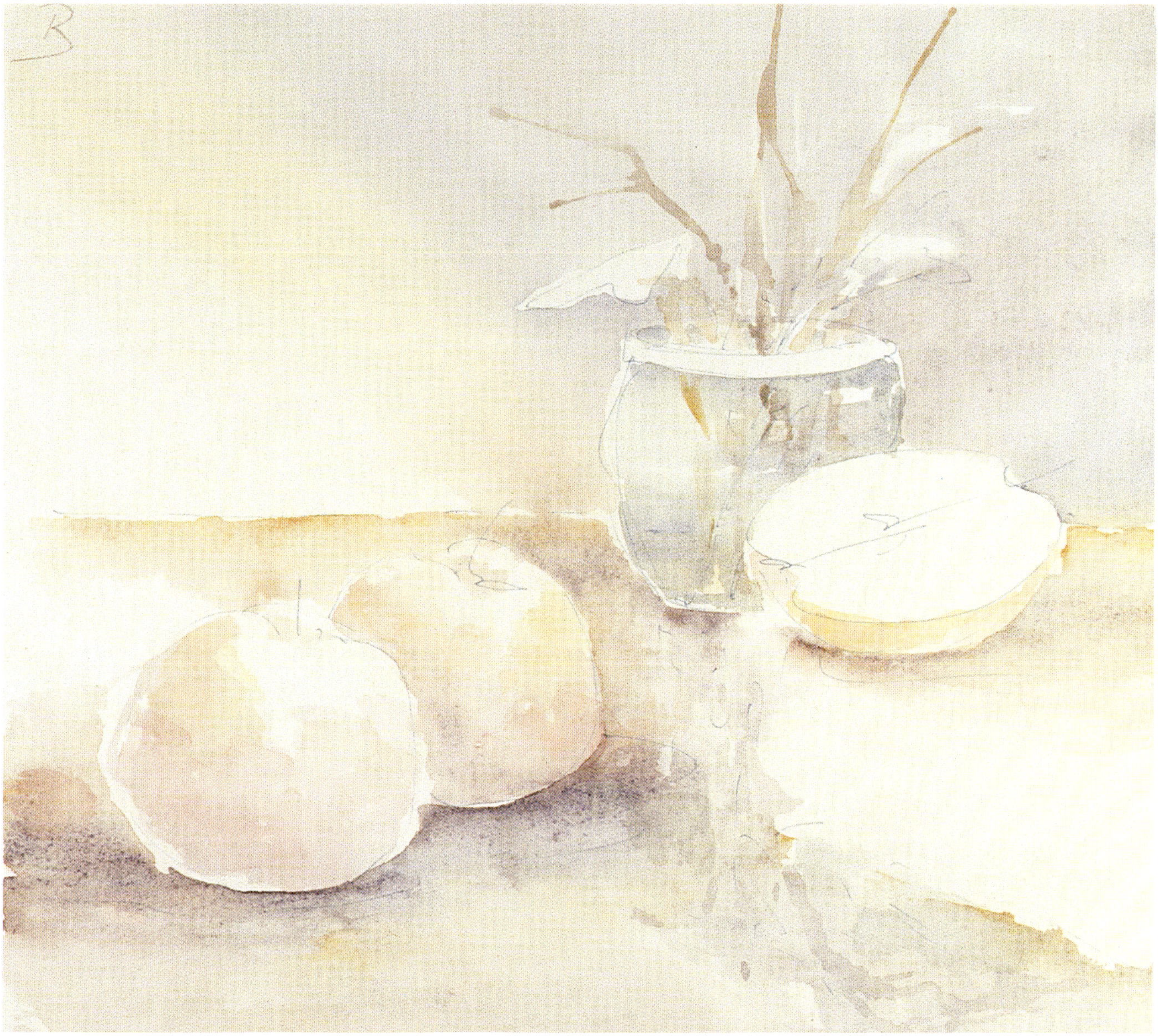

Pour la table, je choisis de l'ocre ; pour les ombres, du mauve et de la terre d'ombre ; je ne mélange pas le mauve et la terre d'ombre sur la palette, mais les dilue séparément. Je trempe ensuite le pinceau jusqu'au milieu des ces couleurs et peins en tourbillons. Les surfaces sont ainsi plus vivantes.
Le pinceau utilisé est un pinceau tendre pour dégradés de deux centimètres de largeur.
Je poursuis avec le pinceau n° 12. Les couleurs du début (le rouge carmin, le bleu outremer, un peu d'ocre, un peu de mauve, une touche de terre d'ombre) destinées aux silhouettes des pommes sont appliquées avec des touches souples, et je laisse les blancs tels quels. Les ombres des branches acquièrent une teinte bleu-gris, mélange de toutes les couleurs, à part l'ocre. Je ne les peins pas, mais les imprime. Ce qui signifie que je les peins sur un autre papier d'aquarelle et que je les imprime légèrement sur mon tableau. L'avantage, c'est que les ombres ne sentent pas le « pinceau », elles paraissent immatérielles, inspirées.
Pour les brindilles, je recours à une méthode qui comporte une part de hasard et tire profit de la fluidité de la couleur à l'eau. La couleur diluée est appliquée, largement humidifiée, sur le papier, et on la dirige en soufflant. La peinture soufflée, voilà qui est nouveau !

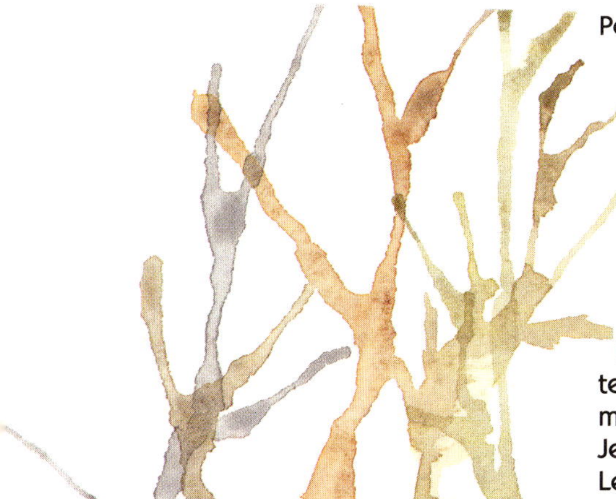

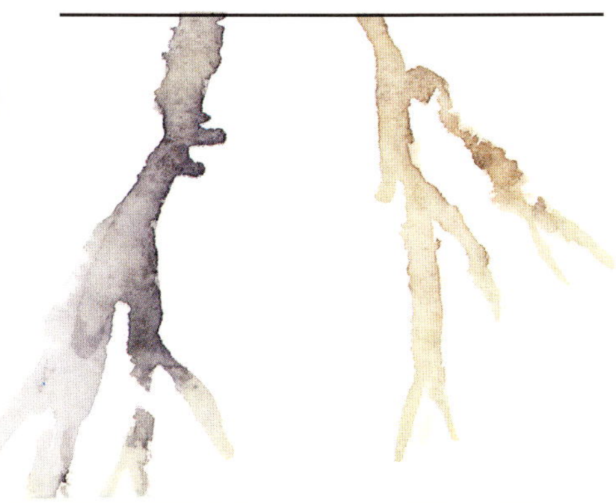

En haut à gauche : les brindilles « soufflées ».
À droite : l'ombre « imprimée ».

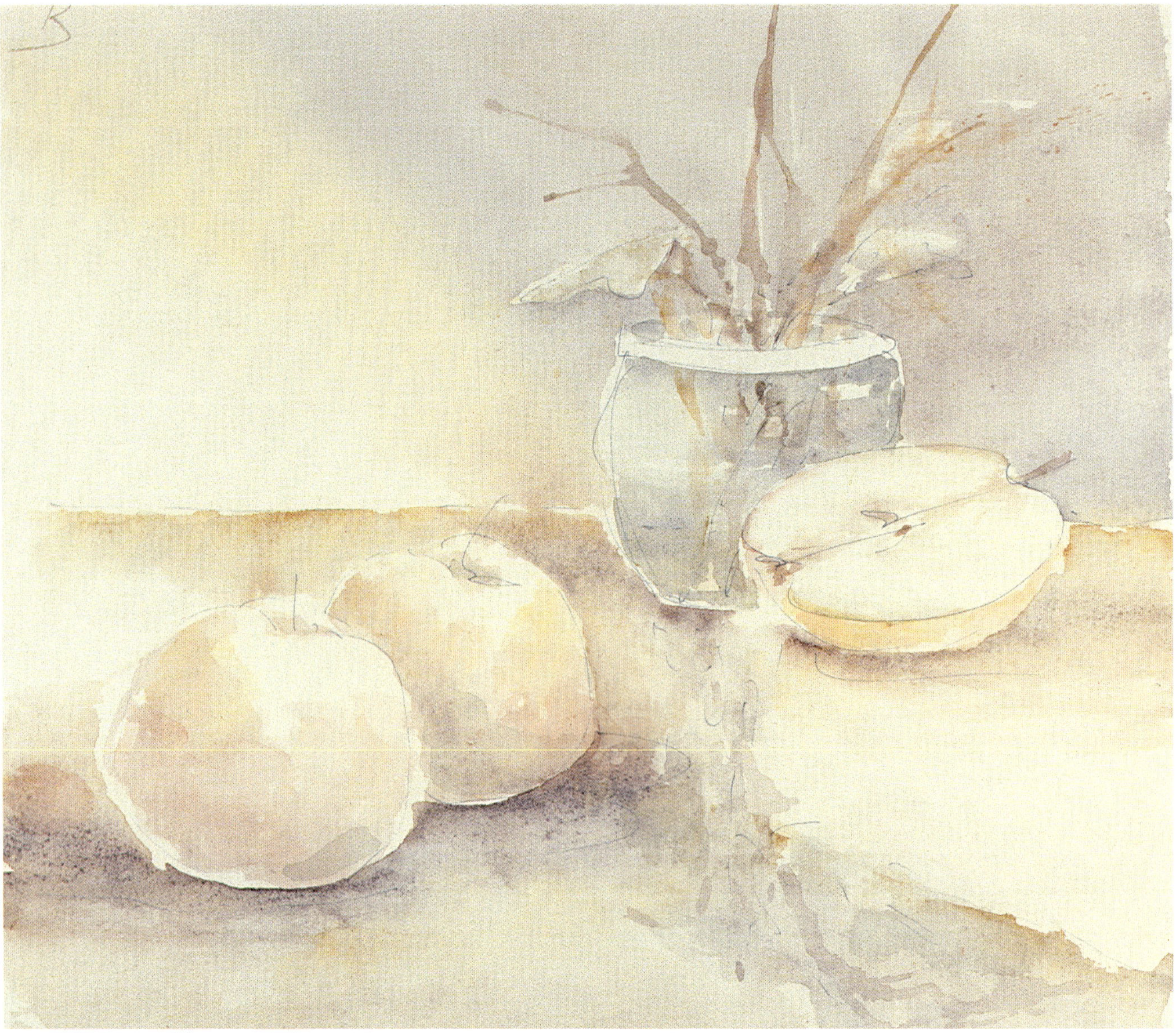

Je suggère le jaune, le rouge et l'orange des pommes par un glacis souple. Pour que les pommes gagnent en modelé, elles doivent être pourvues d'ombres propres et d'ombres portées. Pour ces zones d'ombre, j'utilise du mauve issu de bleu outremer et de rouge carmin. J'ajoute du bleu outremer dilué et un peu de terre d'ombre. Les ombres portées sont renforcées pour donner une véritable assise aux pommes. (Vous souvenez-vous de ce qui était exposé p. 26 et 27 ?)
Pour le pot à confiture plein d'eau, j'utilise du bleu outremer et un bleu verdâtre que j'obtiens à partir de bleu outremer et d'ocre. J'ajoute un soupçon de ce bleu verdâtre au premier plan, en rappel. Je souligne la lumière et le jeu des reflets du verre par quelques touches de mauve et laisse des parties en blanc.
J'aime travailler avec un séchoir afin que les couleurs se fixent plus rapidement. Cela me permet de continuer à travailler sans avoir besoin d'effectuer de longues pauses.

Une suggestion :
Peignez le même motif sur deux sortes de papier, par exemple une fois sur du papier extrêmement fin et une autre fois sur du papier plus grossier. Il en résultera des structures tout à fait différentes ; même les couleurs semblent changées. Vous verrez aussi que tous les motifs ne sont pas adaptés à tous les genres de support.

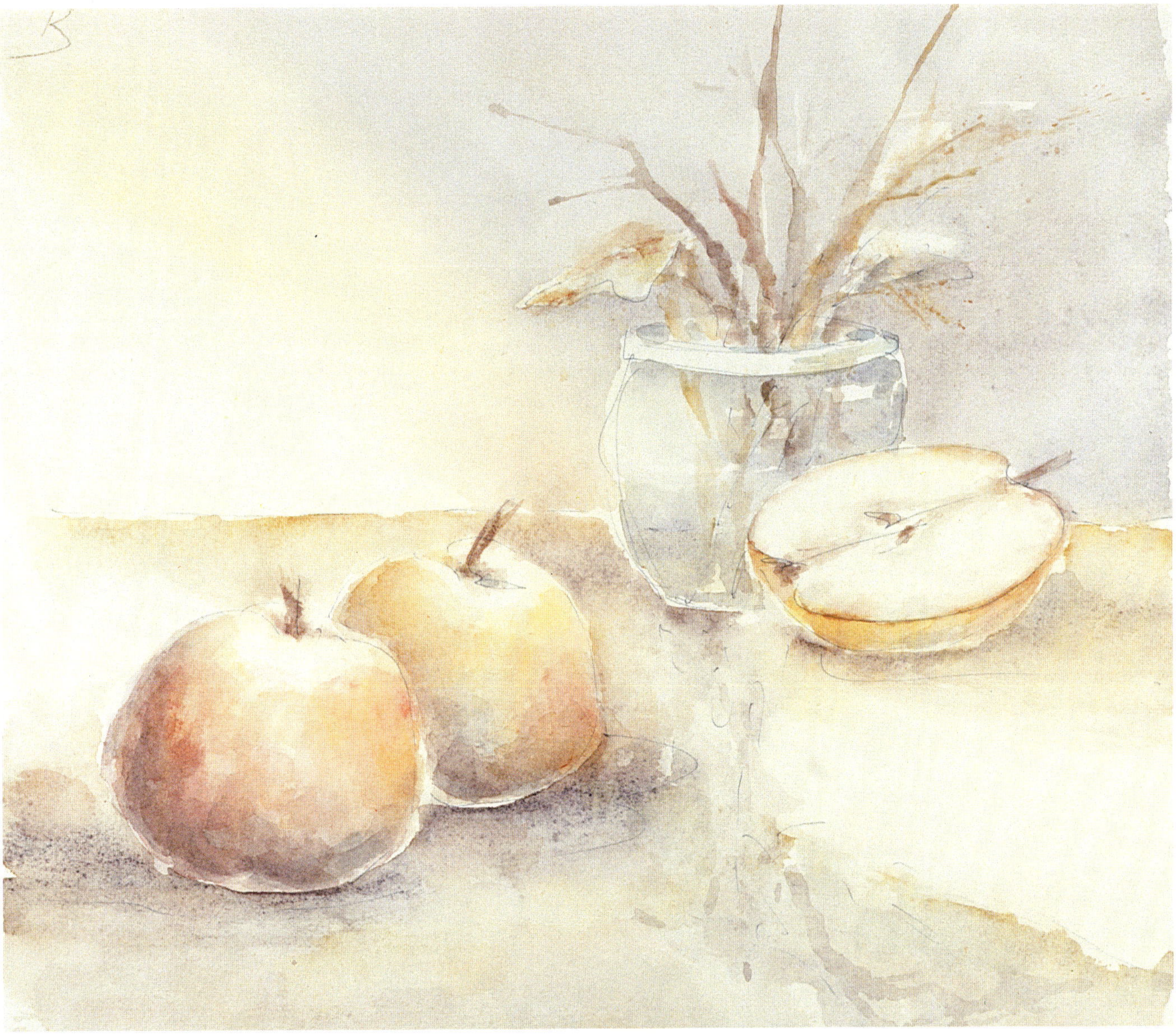

Maintenant, je passe à la finition. Les pommes et la moitié de pomme reçoivent des taches de couleurs diluées mais non mélangées. J'en augmente l'intensité avec du jaune, du rouge et du bleu.
J'intègre les branches mortes et la feuille dans la composition d'ensemble, et j'ajoute les reflets de couleur sur la table. J'applique sur les pommes et la feuille morte des couleurs intenses comme le jaune citron de chrome. Je renforce l'impression froide en portant une pointe de bleu céruléum sur le verre et les taches d'eau et, très délicatement, sur les pommes.
À droite, comme exercice, une autre pomme, moins précise : des taches souples, à l'aquarelle humide, ensuite une touche de couleur diluée sur un support presque sec.

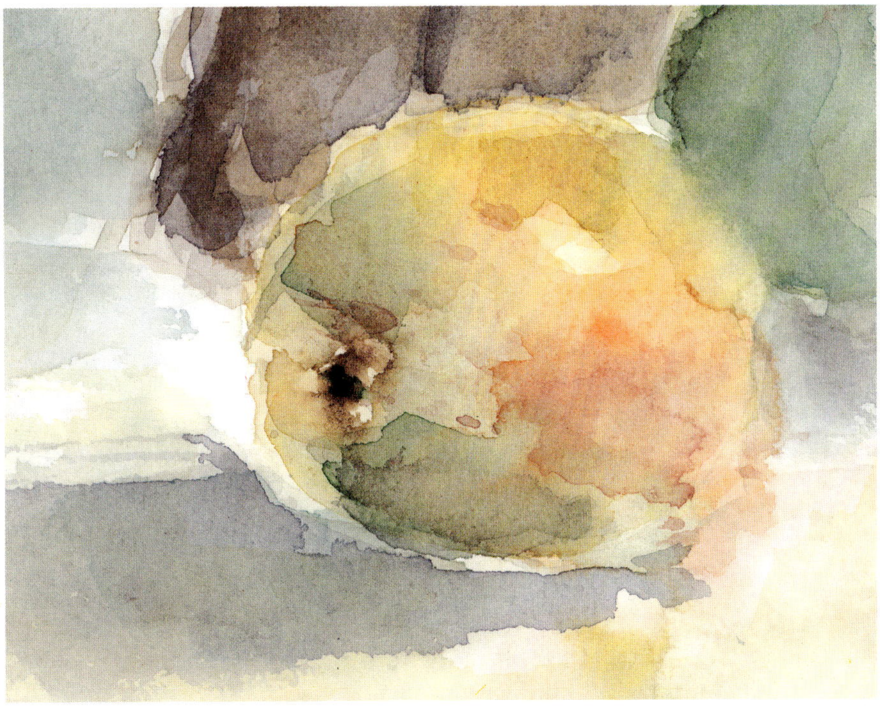

Expériences

Chaque artiste possède son propre style et connaît de petits trucs techniques qui l'aident à travailler. Il n'est pas obligé de se limiter à l'aquarelle pure, et il peut faire appel à d'autres techniques. La peinture est avant tout un plaisir et personne ne peut vous empêcher d'ajouter, par exemple, des couleurs à l'huile dans votre aquarelle si cela vous convient. Nous ne voulons pas aller aussi loin pour l'instant. Mais, avec des moyens simples, on parvient à obtenir quelques jolis effets.

Exemples

Si l'on gratte la couleur encore humide, des traits plus clairs apparaissent. Si l'on passe une couche par-dessus, les sillons se gorgent de couleur et les traits deviennent alors plus foncés. Si l'on utilise une plume d'encre pour gratter, la couleur s'écoule plus ou moins selon l'humidité du papier. J'ai travaillé ici avec de l'encre bleue et dans le tableau en bas avec de l'encre noire.

Des structures intéressantes se font jour quand on dessine sur une couche de peinture avec un feutre sensible à l'eau un peu desséché (ici les arbres). Sur un support humide, la ligne devient irrégulière, le feutre diffuse la couleur d'une manière inégale.

En éclaboussant de la couleur sur des supports humides, on obtient non seulement des taches, mais aussi de vrais motifs. Si l'on utilise une brosse à dents que l'on trempe dans la couleur en la frottant contre une passoire au-dessus du papier, la densité des points sera à son maximum. Bien entendu, il faut couvrir les endroits où l'on ne souhaite pas obtenir d'éclaboussures.

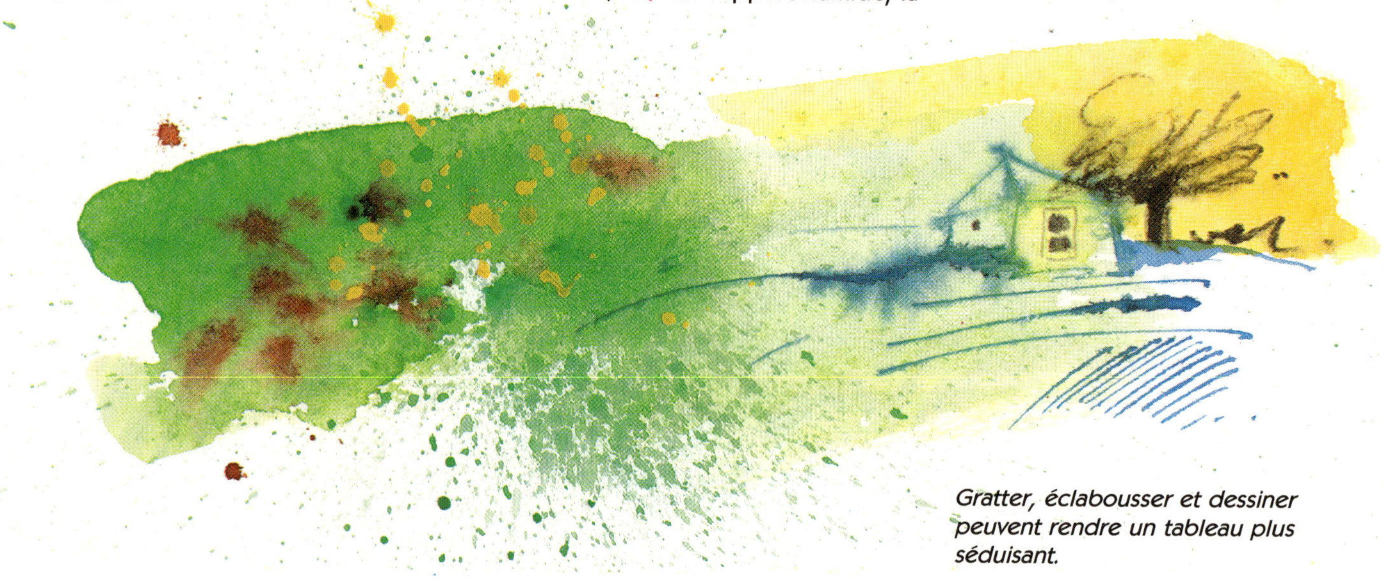

Gratter, éclabousser et dessiner peuvent rendre un tableau plus séduisant.

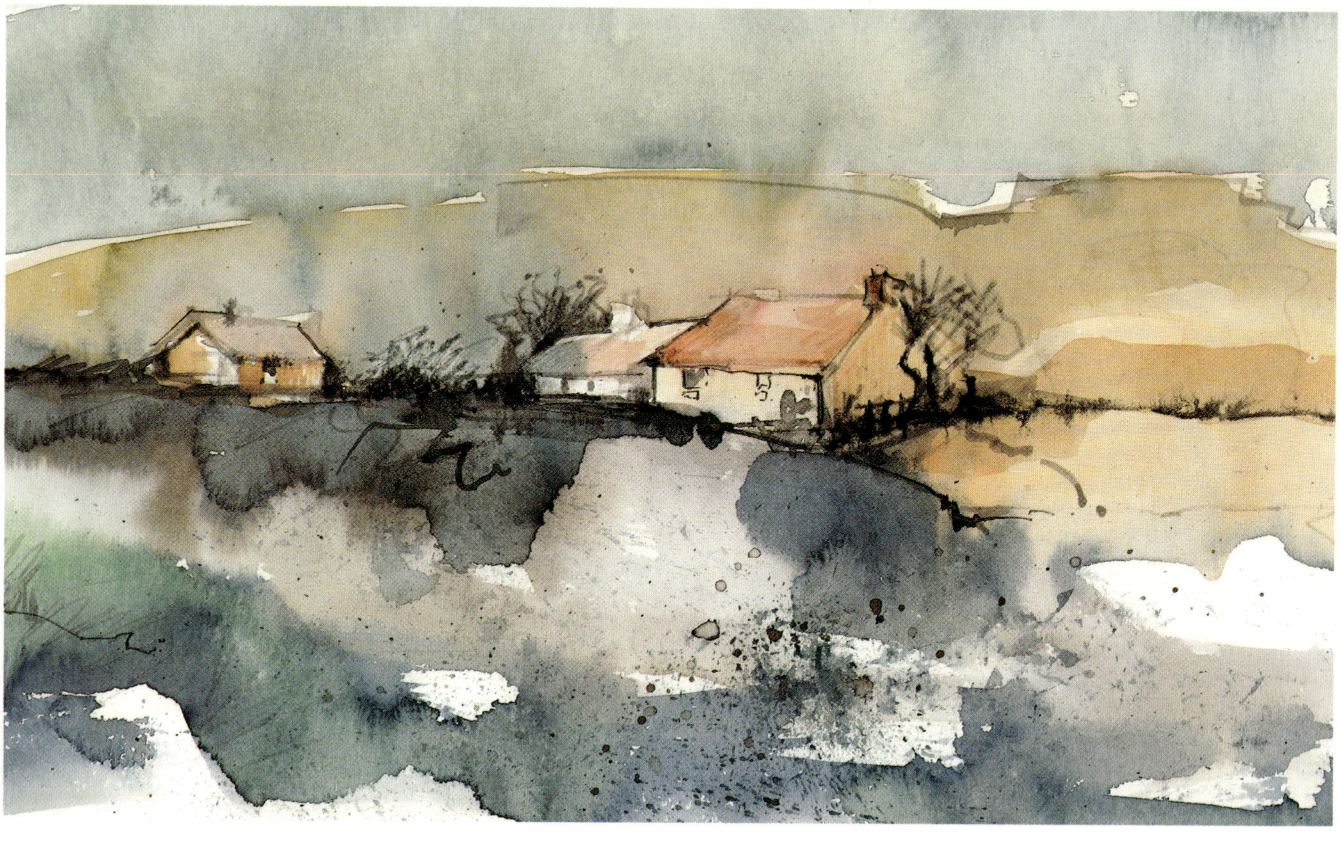

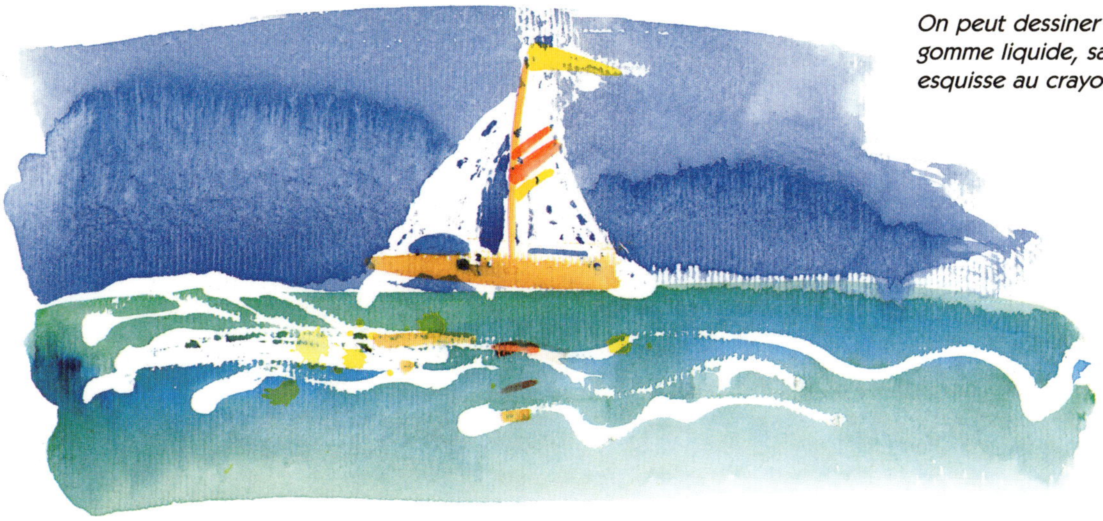

On peut dessiner directement à la gomme liquide, sans passer par une esquisse au crayon.

La gomme liquide utilisée en tant que crayon

Nous avons vu que la gomme liquide permettait de réserver des blancs. On peut également l'utiliser sur une couleur, peindre par-dessus et ensuite la gratter. La couleur sous-jacente transparaît à nouveau. Ici, j'ai employé le tube de gomme liquide en quelque sorte comme crayon, en dessinant directement sur la feuille. Après le grattage, j'ai mis quelques accents et j'ai ajouté le bateau. Cette technique, qui peut être répétée sur plusieurs couches de couleur, est particulièrement favorable à la représentation de plantes ou de parties de paysage.

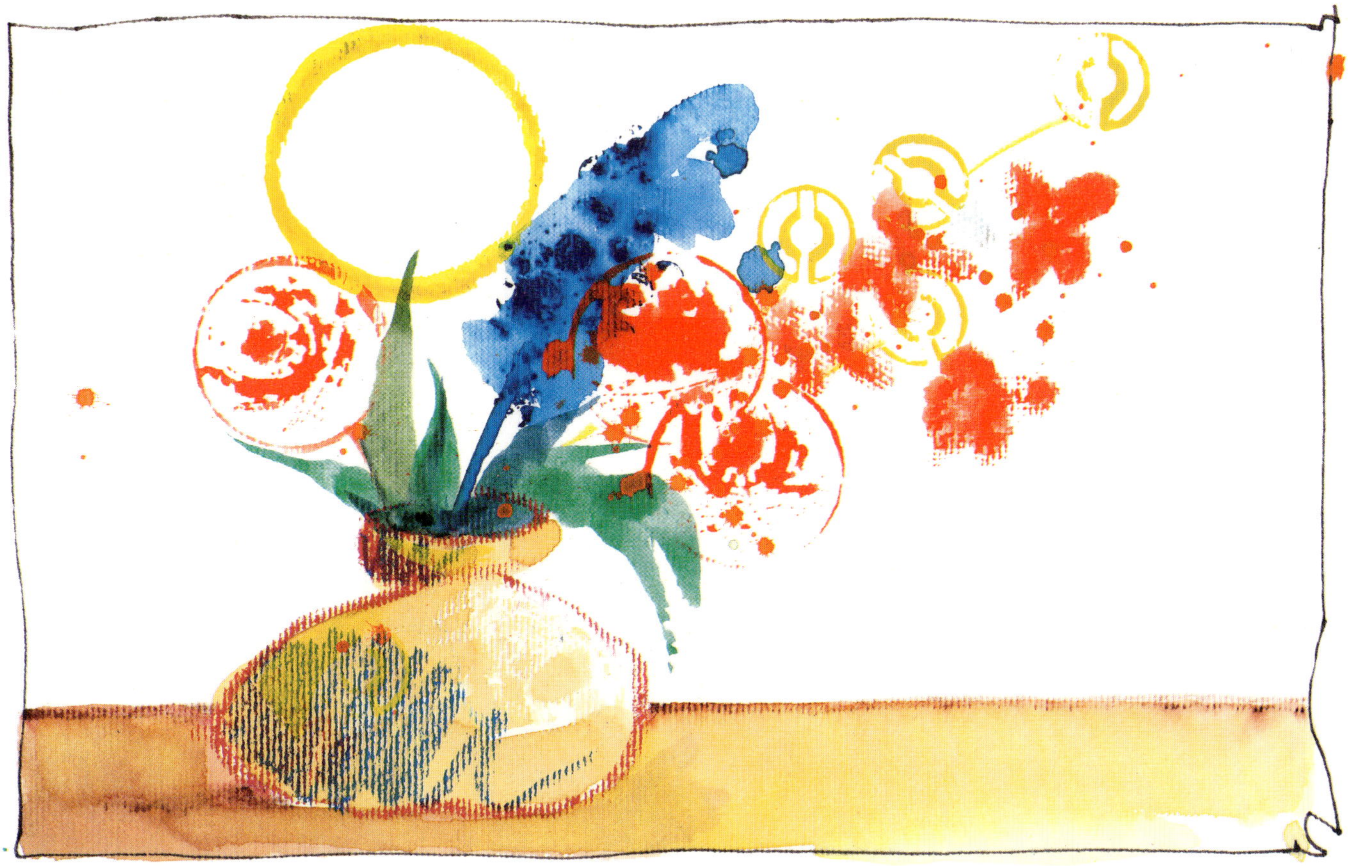

Imprimer

Sur le tableau ci-dessus, j'ai mélangé diverses techniques. Sur du papier à grain apparent, j'ai dessiné les contours d'un vase avec des pastels à l'huile. La ligne se brise sur le grain du papier et il en résulte un trait intéressant. Les feuilles et les fleurs bleues ont été peintes à l'aquarelle, ainsi que la table et le vase. Pour les fleurs, j'ai utilisé des bouchons de bouteilles ou de tubes que j'ai enduits de couleurs et imprimés ensuite. Pour les cercles rouges, j'ai eu recours à des bouchons d'eau minérale, pour les petits cercles jaunes, aux petits chapeaux que l'on trouve sur les tubes. Comme la couleur n'adhère pas complètement au support, cela contribue à créer des taches et des motifs que l'on peut retravailler par la suite. Intégrez délibérément le hasard dans votre tableau.

Quelques conseils

Même si l'aquarelle se corrige assez peu, il est parfois possible de retravailler une composition qui semble gâchée. Commencez par la laisser telle quelle, afin de prendre du recul. Le lendemain vous y verrez plus clair et vous finirez par y relever des aspects positifs. Certaines parties peuvent servir de point de départ à de nouveaux motifs, et l'on peut les découper et les retravailler ou les utiliser pour des collages ; on peut également, en lavant le papier, en tirer un fond intéressant.

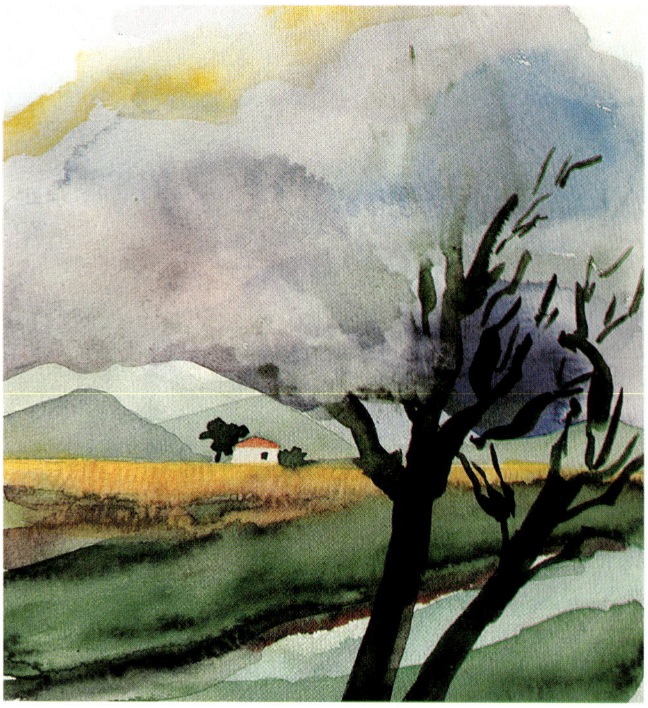

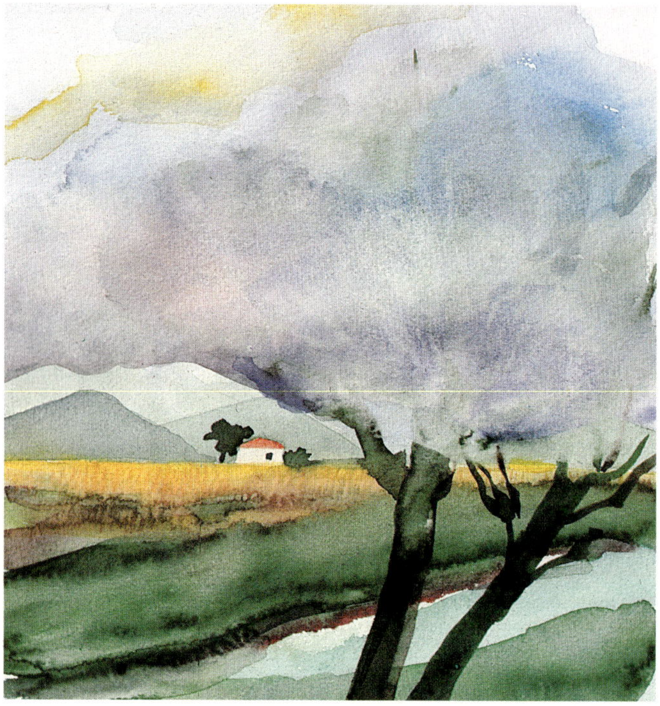

Le premier essai pour l'aquarelle reproduite page 36 était à mon avis un échec (ci-dessus). Je souhaitais ajouter de fines branches à l'arbre, mais le fond était trop sombre à cet endroit et le ciel avait piètre allure. Le premier plan me plaisait toutefois.
Aussi ai-je humidifié les branches et le ciel avec un pinceau large et ai-je tout délavé. Puis j'ai séché l'ensemble avec un chiffon pour éviter que la couleur ne s'écoule sur les montagnes. Vous voyez le résultat ci-dessus à droite. Vous constaterez également que l'arbre prend la place du ciel, comme si sa couronne se substituait à ce dernier. C'est ce qui m'a donné l'idée de transformer les branches mortes en feuillage touffu. J'aime que l'arbre et le ciel se fondent ensemble. Aussi ai-je renforcé cette impression en ajoutant quelques touches de mauve et de jaune.

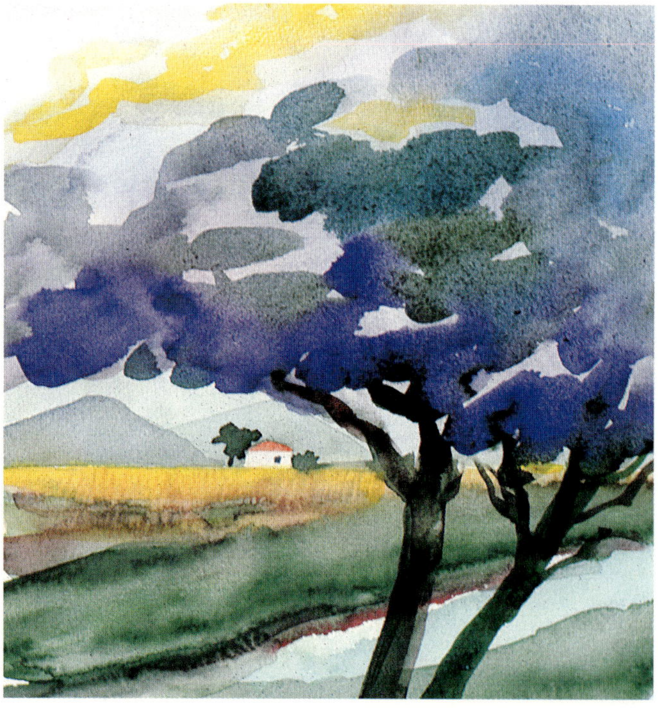

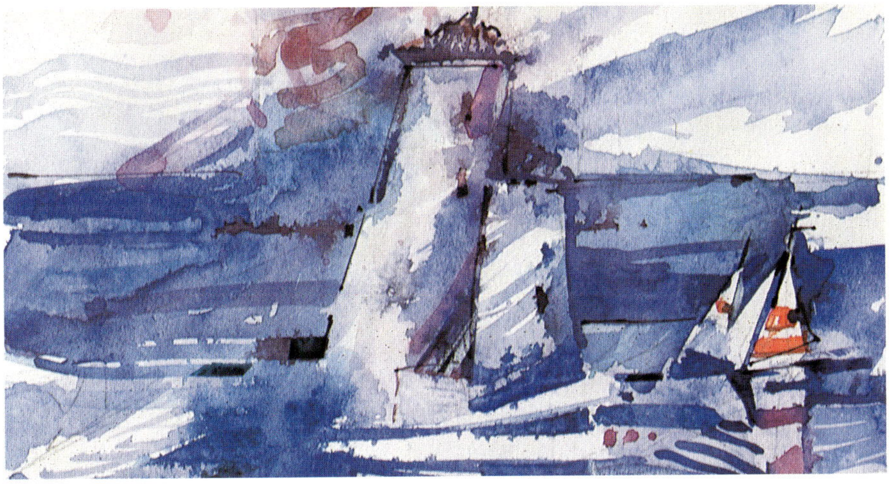

Ce tableau, qui était conçu en fait comme une marine calme, a fini par devenir trop animé ; le ciel et la mer étaient de même valeur, et l'on pouvait à peine les distinguer l'un de l'autre. Mais il aurait été dommage de jeter le bel ensemble avec la tour et les navires. J'ai donc résolument découpé cette partie.

Puis j'ai essayé sur un grand morceau de papier plusieurs combinaisons de couleurs différentes, et j'y ai superposé chaque fois l'image découpée jusqu'à ce que l'ensemble me plaise. Essayez de faire la même chose avec un arbre. Vous serez étonnés de voir combien de combinaisons possibles existent pour un seul et même motif.

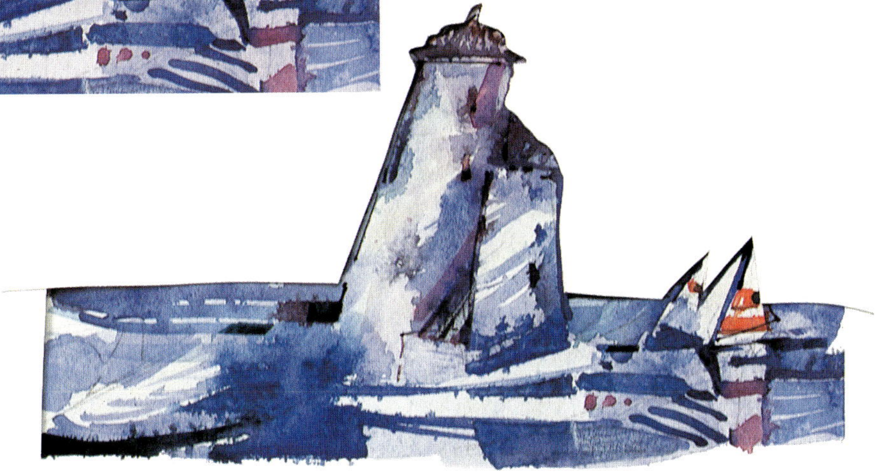

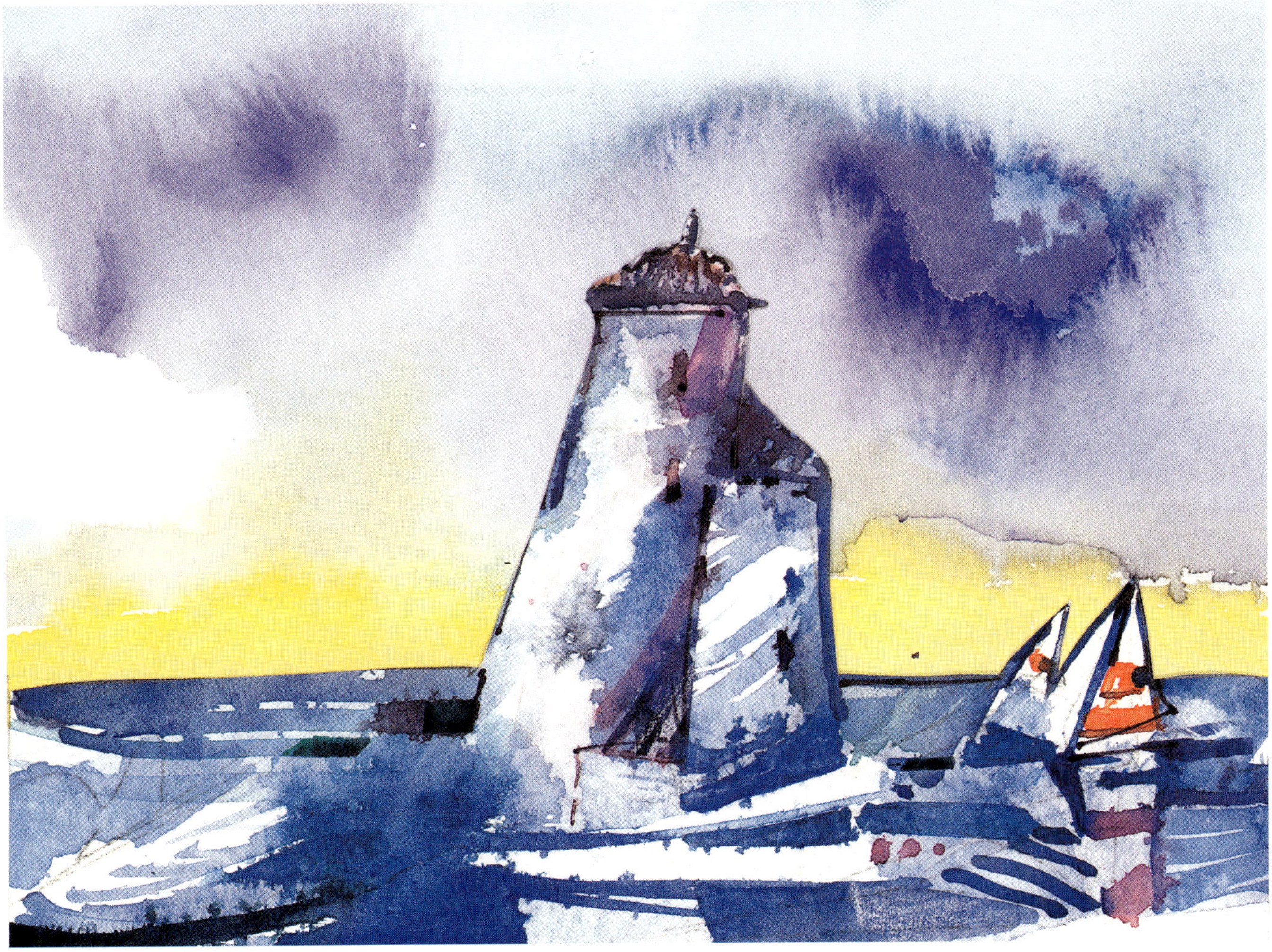

Quelques suggestions

Nous vous avons exposé toutes sortes de techniques, de motifs et d'expériences, et peut-être brûlez-vous de passer tout de suite à l'action. Alors, maintenant, que peindre ? Pas d'orage à l'horizon, et votre dernier bouquet a déjà perdu tous ses pétales. J'ai choisi pour vous quelques photos qui vous fourniront si vous le souhaitez des motifs de départ. Elles serviront uniquement à vous donner de l'élan. Vous pouvez en choisir certaines parties, changer les proportions ou réunir deux motifs en un seul.

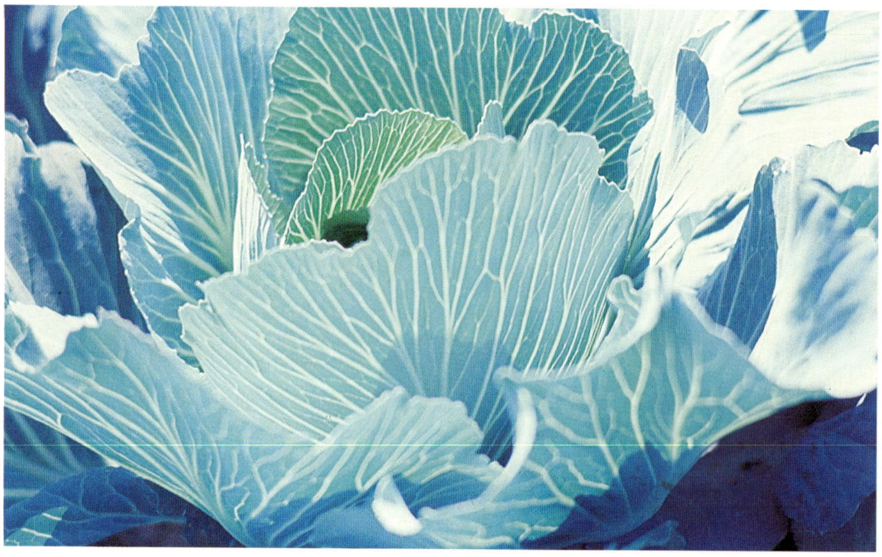

Ce chou-fleur a une allure presque abstraite par sa couleur bleue et, en soi, c'est déjà une œuvre d'art. Il vous permettra de vous essayer à la technique du glacis, par laquelle couleurs et lignes naîtront à chaque nouvelle couche appliquée. Vous pouvez commencer par l'aquarelle humide afin de développer progressivement les formes. Pour contraster avec tout ce bleu, pourquoi ne pas renforcer les teintes jaunes et vertes du milieu ou même les exagérer ?

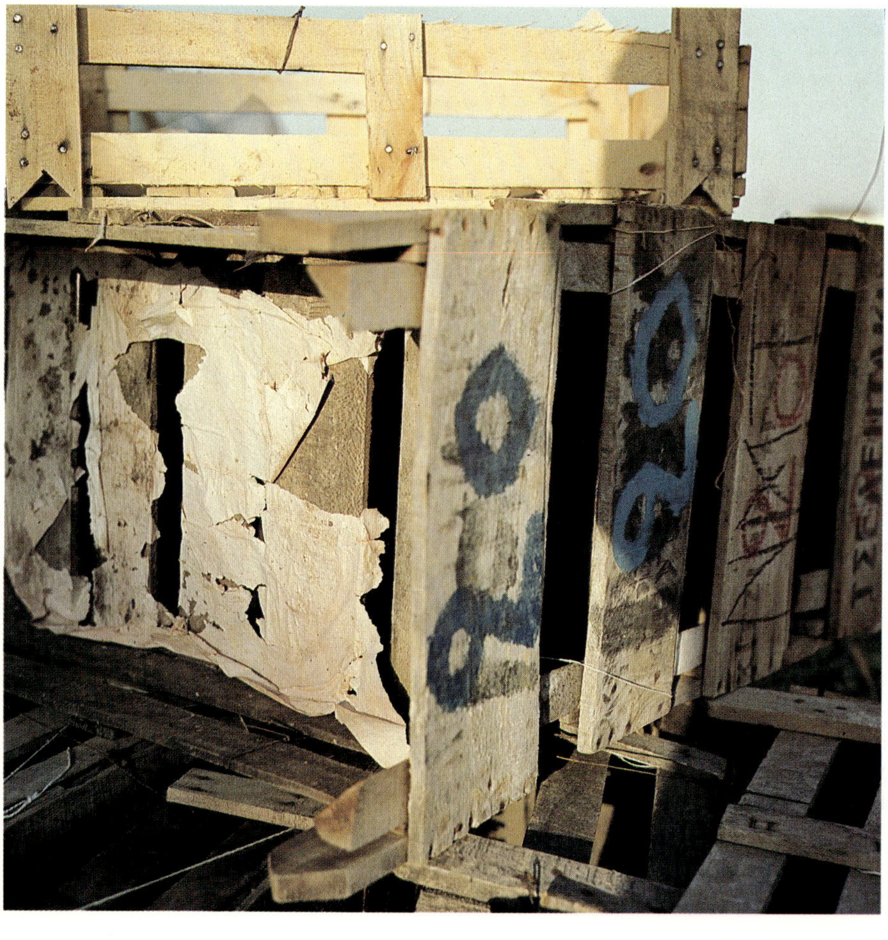

Un sujet insolite pour les audacieux : la pile de caisses. Perspective et précision n'ont ici aucune importance. Ce qui compte, ce sont les teintes, les parties mélangées et le bleu. Commencez ici aussi par des tons très clairs pour aller progressivement vers le plus foncé. Les formes définitives devraient être appliquées sur les parties sèches. Observez exactement les nuances des couleurs. Vous trouverez non seulement des teintes brunes et ocre, mais aussi du rouge et du jaune, du vert et du bleu. Exagérez un peu et passez à l'abstraction. Faites d'abord quelques esquisses, dans lesquelles vous définirez ce que vous pouvez négliger et ce que vous voulez mettre en valeur. La transposition qui consiste à ramener l'ensemble à des figures fondamentales vous guidera dans cette voie.

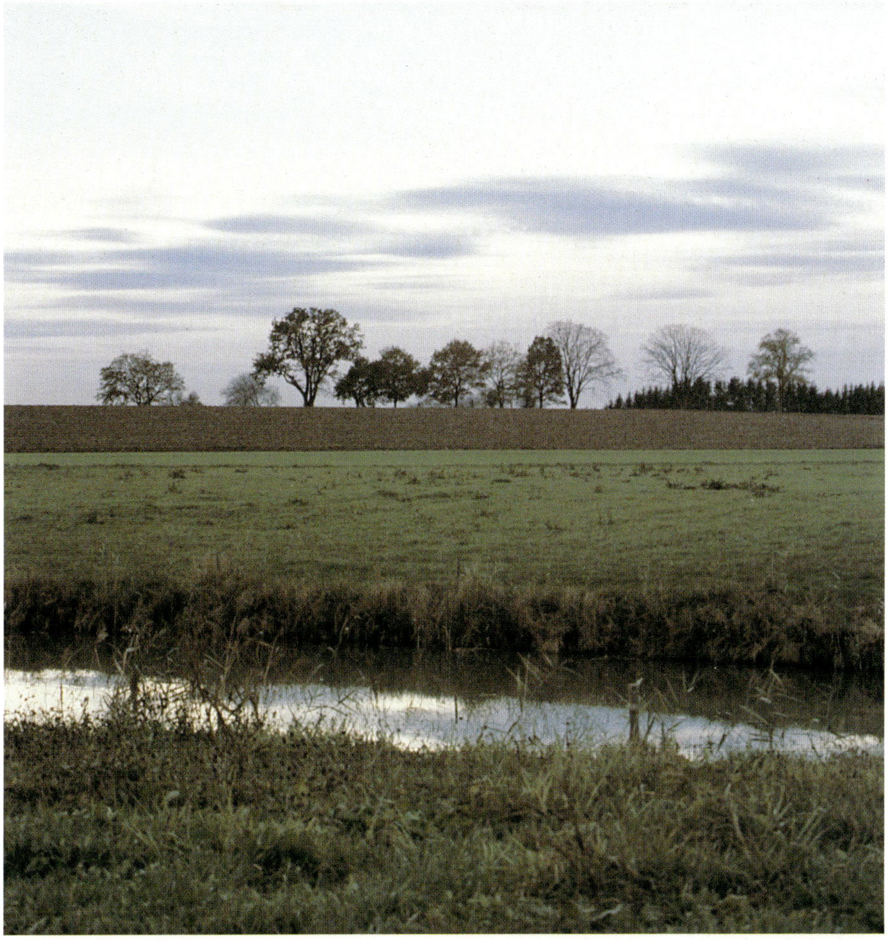

Les motifs les plus simples sont souvent les plus spectaculaires. Ici, les surfaces principales, le pré, le ciel et l'eau, sont généreusement distribuées. Ce qui séduit, c'est le jeu entre les grandes surfaces, la structure délicate de l'herbe au premier plan et celle des arbres à l'arrière-plan. Vous pouvez mettre l'herbe plus en valeur et faire des essais en grattant un peu et en repassant plusieurs couches.
Je laisserais volontiers le ciel en blanc et ne suggérerais les nuages que par quelques touches légères de bleu. À moins que vous ne préfériez créer une atmosphère orageuse ? Libre à vous. Ce qui est intéressant, ce sont les reflets du ciel dans l'eau, comme si une partie du ciel y était tombée.

La nature morte ci-dessous n'est pas un sujet facile. Mais elle est un excellent exercice ! Ce qui compte, ce sont les ombres et la lumière pour donner de la réalité aux fruits. Revoyez les pages 26 et 27.

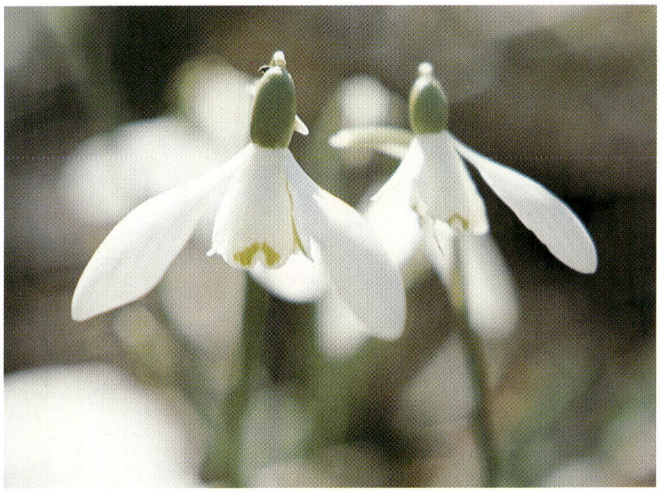

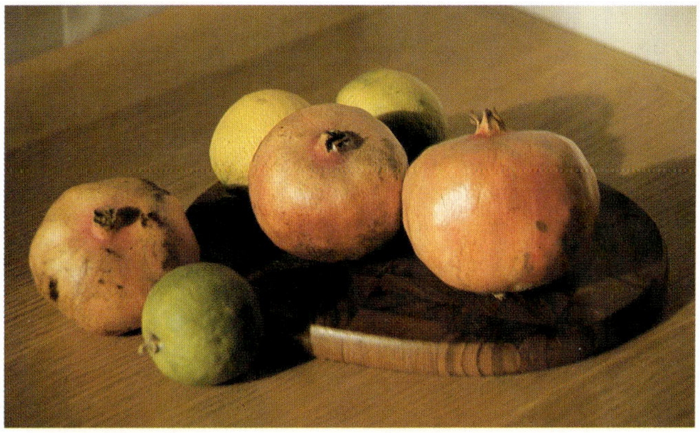

Des fleurs vues autrement. Le fond ne doit pas éclipser les fleurs, même s'il apporte une certaine animation à l'ensemble. En ce qui concerne les perce-neige ci-dessus, on peut laisser certaines parties en blanc et jouer avec les ombres. À droite, par contre, le charme réside dans le contraste net-flou que présente la fleur elle-même. Je vous conseillerais ici aussi de faire quelques esquisses préliminaires, et même d'effectuer une composition en couleurs. Pourquoi ne pas vous lancer dans de petites variations florales, comme Gerlinde Grund (p. 38 et 39) ? Amusez-vous bien !

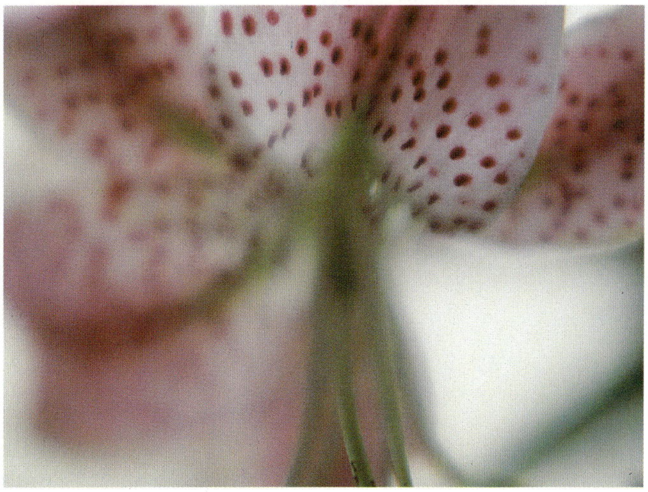

Glossaire

Aquarelle humide
Aquarelle appliquée sur des fonds en partie ou en totalité humides. On obtient par là une diffusion délicate ou un mélange des couleurs. Les caractéristiques de cette technique sont ses flous.

Aquarelle sèche
Couche transparente qui se diffuse par l'humidité sur un fond sec, dont les effets sont nets au niveau des lignes et des formes.

Collage
Œuvre collée dans laquelle on réunit sur un support un ensemble ou des extraits de papier, de tissu ou de matériaux semblables. Picasso et Braque se sont beaucoup servis de cette technique et l'ont développée à un niveau artistique qui débouche sur le surréalisme et le dadaïsme.

Dégradé
Couleur progressivement dégradée jusqu'au blanc ou, sur une grande partie et sans intermédiaires, vers une autre couleur. Sur papier humide, on dirige le pinceau large ou l'éponge horizontalement de haut en bas.

Espaces négatifs
Espaces « vides » entre les différents objets du motif ou entre le motif et ses bords.

Expressionnisme
Mouvement artistique du début du XXe siècle qui s'est opposé délibérément aux idées de l'impressionnisme. Un tableau ne possède pas seulement une valeur esthétique plaisante pour l'expressionniste. Pour cette raison, il désire traduire non pas seulement une pure perception, mais aussi ce qu'il a ressenti devant les motifs concernés. On parle aussi d'art expressif.

Fresque
L'origine du mot provient de l'italien *a fresco*, ce qui signifie « sur le frais ». Il s'agit d'une peinture murale qui consiste en une application de couleurs sur le plan d'un mur calcaire absorbant préalablement humidifié. Par rapport à l'aquarelle, elle peut être assimilée à une technique humide.

Glacis
Couche de peinture transparente appliquée diluée sur un fond coloré sec ou sur un support non humide. Elle ne couvre pas la couleur sous-jacente mais la fait transparaître. Par ce biais, on crée des mélanges intéressants et des nuances. Le glacis est propre aux couleurs de l'aquarelle.

Gomme arabique. *Cf.* Gomme liquide.

Gomme liquide
Gomme spéciale que l'on peut facilement gratter avec les doigts quand elle a séché. Très adaptée aux blancs dans la technique de l'aquarelle.

Impressionnisme
Style qui naquit en France aux alentours des années 1860-1870. Ce nom fut attribué par référence à un tableau de Monet intitulé *Impression : soleil levant* (1872). Ce qui compte principalement ici, ce sont les impressions de lumière et les couleurs. On pourrait définir aussi l'impressionnisme comme une peinture de plein air. Dans la disposition des couleurs et la composition, l'artiste se laisse guider par ses impressions visuelles et tente de créer une atmosphère. Les motifs qu'il affectionne sont des aspects de la vie quotidienne choisis au hasard, des mouvements, des paysages en pleine lumière.

Modelé
Relief des formes tel qu'il est rendu dans un dessin ou une peinture. *Cf.* Ombre propre.

Ombre portée
Ombre que chaque corps projette dans la lumière. Ainsi, la représentation de l'ombre portée dépend de la hauteur et de la direction de la source lumineuse, qui indique aussi la position de l'objet en question.

Ombre propre
Chaque corps possède une ombre propre qui est toujours plus claire que l'ombre portée. L'ombre propre donne un certain modelé à l'objet et à sa forme.

Papier fait main
Un des plus vieux procédés manuels pour la production de papier. La bouillie de fibres est versée dans une grande cuve et extraite avec un outil en forme de passoire métallique. Aujourd'hui, cette technique n'est presque plus employée, la production s'effectue par des machines.

Papier japonais
Appelé aussi papier chinois. Il s'agit d'un papier fait main qui provient soit du Japon, soit de la Chine, et qui est d'une grande finesse tout en étant résistant et durable. En Europe, on imite le papier japonais, mais ces imitations n'ont pas la même résistance.

Passe-partout
Cadre pour un tableau découpé en carton.

Pastel à l'huile
Pigments dont le liant est de la cire artificielle. Ils sont pressés sous la forme de crayons. Les pastels à l'huile offrent plus de possibilités que les pastels simples, par exemple, et n'ont besoin d'aucune sorte de fixatif.

Peinture sino-japonaise
Technique picturale recourant à l'encre et dont la tradition presque millénaire provient d'Extrême-Orient. Elle est étroitement associée à la sagesse sino-japonaise et à son art graphique. La parenté entre l'écriture et le dessin met en valeur la beauté du trait de pinceau et sa maîtrise manuelle. Par le seul mouvement du pinceau, on représente des surfaces, des lignes, des structures, leurs formes, leur force et leur dureté, les valeurs lumineuses. Dans cet art, les dessinateurs n'ont à leur disposition qu'un répertoire limité de formes et de motifs obligatoires. L'expression artistique ne peut consister que dans la nuance, obtenue à partir du mouvement du pinceau. La façon d'utiliser le pinceau propre à cette technique constitue un grand avantage pour le peintre à l'aquarelle, car là aussi on obtient de cette manière des effets nouveaux.

Pigment
Particules de couleurs organiques ou inorganiques dont le liant permet d'éviter la dissolution. De cette façon naissent toutes les couleurs utilisées. Le liant des couleurs de l'aquarelle est la gomme arabique.

Transparence
Qualité de ce qui laisse percevoir des formes ou des couleurs à travers son épaisseur. La transparence est une caractéristique propre de la peinture à l'aquarelle. *Cf.* Glacis.

Valeur de luminosité
Les valeurs de luminosité d'une couleur ou d'une teinte dépendent du degré de saturation et d'obscurité d'une couleur.

Index

Pour en savoir davantage sur l'art de peindre
Également parus chez Dessain et Tolra :

- Art de la couleur
  Johannes Itten
  Édition complète : 156 pages, 295 × 320, relié sous jaquette
  Édition abrégée : 96 pages, 210 × 210, relié sous jaquette

- Le métier du peintre
  Pierre Garcia
  512 pages, 215 × 262, cartonné

- La peinture en trompe-l'œil
  Cadiou, Gilou
  96 pages, 230 × 305, relié sous jaquette

- Le livre de l'aquarelle
  Jean Monneret
  192 pages, 230 × 290, relié sous jaquette

- Aquarelle, notions complémentaires
  Jean Avy
  80 pages, 210 × 275, broché

- Nus féminins
  Jean Avy
  80 pages, 215 × 285, broché

- Comprendre et créer la couleur
  Hajo Düchting
  80 pages, 210 × 275, broché

- La composition
  Hajo Düchting
  80 pages, 210 × 275, broché